Dagmar Giersberg

A2

MENSCHEN

Deutsch als Fremdsprache
Testtrainer

Kopiervorlagen

D1607223

Hueber Verlag

Quellenverzeichnis
Cover: © Getty Images/Andrea Kindler

Tonaufnahme
Tonstudio Langer, Neufahrn; Sprecherinnen und Sprecher: Angelika Bender,
Stephanie Dischinger, Kathi Gaube, Walter von Hauff, Sebastian Winkler

4.	3.	2.		Die letzten Ziffern
2020	19	18	17	16	bezeichnen Zahl und Jahr des Druckes.

Alle Drucke dieser Auflage können, da unverändert,
nebeneinander benutzt werden.
1. Auflage
© 2016 Hueber Verlag GmbH & Co. KG, München, Deutschland
Umschlaggestaltung: Sieveking · Agentur für Kommunikation, München
Layout und Satz: Sieveking · Agentur für Kommunikation, München
Illustrationen: Hueber Verlag / Michael Mantel
Fotos: Hueber Verlag / Florian Bachmeier
Verlagsredaktion: Dr. Isabel Buchwald-Wargenau, Leipzig; Ingo Heyse,
Hueber Verlag, München
Druck und Bindung: Kessler Druck + Medien GmbH & Co. KG, Bobingen
Printed in Germany
ISBN 978–3–19–031902–2

INHALT

Piktogramme und Symbole

Hörtext auf CD ▶ 02

TEST 1 – Wörter und Strukturen

Name: _____

1 Familie. Ergänzen Sie.

WÖRTER

a Der Sohn von deiner Tante ist dein *Cousin*.
b Der Vater von deinem Mann ist dein _____.
c Die Schwester von deinem Vater ist deine _____.
d Die Tochter von deinem Bruder ist deine _____.
e Die Tochter von deinem Onkel ist deine _____.

_____ / 4 PUNKTE

2 Was passt? Ordnen Sie die Verben zu. (Zwei Verben passen nicht.)

WÖRTER

erzählt | geklappt | geklettert | gesammelt | gestritten | übernachtet | verkauft

a Ich habe früher gern Witze *erzählt*.
b Hast du als Kind gern draußen _____?
c Meine Schwester und ich haben früher oft _____.
d Hast du schon mal Sachen auf dem Flohmarkt _____?
e Wir sind als Kinder oft auf Bäume _____.

_____ / 4 PUNKTE

3 Was ist richtig? Kreuzen Sie an.

STRUKTUREN

a Entschuldigen Sie, ist das ◯ Ihrer ◯ ihre ⊗ Ihre Tasche?
Ich habe sie auf dem Stuhl dort gefunden.
b Vorsicht! Kannst du bitte mit ◯ deiner ◯ deine ◯ deinen Zigarette aufpassen!
c Wir haben uns lange nicht gesehen. ◯ Euer ◯ Eure ◯ Eurer Tochter
ist sehr gewachsen.
d Wann hast du ◯ deinen ◯ euren ◯ deine Cousins und Cousinen
das letzte Mal gesehen?
e Anna und Luisa, warum spielt ihr denn nicht mit
◯ euren ◯ euer ◯ eure Puppen?
f Frau Nagel, ◯ Ihr ◯ Ihrem ◯ ihr Kleid ist wunderschön.

_____ / 5 PUNKTE

4 Ergänzen Sie das Perfekt oder das Präteritum in der richtigen Form.

STRUKTUREN

Gestern (a) *war* (sein) ich bei meiner Schwiegermutter. Sie hat mir eine Geschichte
von früher (b) _____ (erzählen). Mit 25 Jahren hat sie einen Friseursalon
(c) _____ (aufmachen). Sie hat viel (d) _____ (arbeiten). Aber sie
(e) _____ (haben) auch ein Hobby. Sie hat (f) _____ (zeichnen).
Eines Tages ist etwas (g) _____ (passieren). Das (h) _____ (sein) sehr verrückt.
Meine Schwiegermutter ...

☺	☻	☹
16 – 20 Punkte	12 – 15 Punkte	0 – 11 Punkte

_____ / 7 PUNKTE

_____ / 20 PUNKTE

Menschen A2, Testtrainer 978-3-19-031902-2 © Hueber Verlag, Kopiervorlage

TEST 2 – Hören, Lesen, Schreiben, Sprechen

Name: _____

HÖREN

1 Was ist richtig? Kreuzen Sie an: a, b oder c. Hören Sie das Gespräch zweimal.

1 Sara hat als Kind im Sommer ... bei ihrer Oma übernachtet.
   a ⊗ oft   b ○ jeden Abend   c ○ manchmal
2 Saras Großmutter hat ... erzählt.
   a ○ nie Geschichten   b ○ oft Geschichten und Witze   c ○ keine Witze
3 Saras Großmutter war ...
   a ○ Hausfrau.   b ○ Deutschlehrerin.   c ○ Französischlehrerin.
4 Saras Großmutter hat ...
   a ○ in der Schweiz studiert.   b ○ in Frankreich gearbeitet.
   c ○ in Frankreich studiert.
5 Sara möchte ... Lehrerin werden.
   a ○ gern   b ○ auf keinen Fall   c ○ unbedingt

_____ / 8 PUNKTE

LESEN

2 Lesen Sie den Text und die Aufgaben 1 bis 6. Kreuzen Sie an: richtig oder falsch.

Geschichten aus dem Leben

„Ich war immer schon ein bisschen verrückt!", sagt Thomas Horn und lacht. Er erzählt gern Geschichten aus seinem Leben. „Und in 80 Jahren passiert viel." Thomas Horn ist viel gereist. Er hat über 50 Jahre in Afrika gelebt und in vielen Berufen gearbeitet. „Ich hatte keine Lust auf ein Studium", sagt er. „Mein Vater und ich haben deshalb viel gestritten. Er war Architekt und hatte ein großes Büro und viel Geld. Das war wichtig für ihn." Mit 18 Jahren ist Thomas Horn nach Afrika gegangen. „Die Welt sehen, reisen und frei sein. Das war wichtig für mich." Er war zuerst zwei Jahre in Marokko, dann ist er nach Namibia und Südafrika gefahren.
„Ich hatte kein Geld und keine Ausbildung. Aber ich habe immer Arbeit gefunden." Er hat als Deutschlehrer und Übersetzer gearbeitet. Oder als Kellner, in einer Bäckerei und in Supermärkten. „Das Leben war nicht immer einfach. Aber irgendwie hat es immer geklappt! Ich hatte eine tolle Zeit." Heute lebt der 80-Jährige in einer Senioren-WG in Bremen.

		richtig	falsch
1	Thomas Horn ist heute 80 Jahre alt.	⊗	○
2	Er hat in Marokko studiert.	○	○
3	Er hat als Architekt in einem Büro gearbeitet.	○	○
4	Geld war für ihn nicht so wichtig.	○	○
5	Er hat in Afrika eine Ausbildung gemacht.	○	○
6	Er ist viel gereist und wohnt heute in Bremen.	○	○

_____ / 5 PUNKTE

1

TEST 2 – Hören, Lesen, Schreiben, Sprechen

3 **Lesen Sie die Fragen und schreiben Sie Antworten.**

als junger Mann viel reisen | ~~Bäcker sein~~ | ja, aber 1995 Bäckerei schließen |
ja, mit 70 noch Fahrrad fahren | nein, keine Geschichten, aber gern Witze erzählen |
oft sehr lustig, aber manchmal auch traurig

Ich habe deinen Schwiegervater gar nicht
gut gekannt. Was hat er beruflich gemacht?

1   *Er war Bäcker.*

Hatte er eine Bäckerei?   2 _____

Was hat er früher gern gemacht?   3 _____

War er sportlich?   4 _____

Hat er gern Geschichten erzählt?   5 _____

Dann war er also lustig?   6 _____

_____ / 10 Punkte

4 **Ergänzen Sie das Gespräch.**

▲ H a b e i ___ d ___ schon von meinem
Onkel Ferdinand erzählt?
■ Nein.
▲ Al ___ p ____ auf: Er hat viele Jahre
lang Briefmarken gesammelt. U ___
w _____ d ___, was dann passiert ist?

■ Öhm, nein …
▲ Er hat alle Briefmarken verkauft
und war reich!
■ Na, toll! Und w ___ h ___ er
dann mit dem Geld gemacht?
▲ Er hat sich ein Haus auf
Gran Canaria gekauft.   _____ / 4 Punkte

5 **Ordnen Sie die Sätze und schreiben Sie sie.**

Zum Schluss sind wir ins Kino gegangen. | ~~Gestern war ein toller Tag.~~ |
Zuerst sind wir Skateboard gefahren. | Und danach haben wir Comics gelesen. |
Dann haben wir ein Eis gegessen.

Gestern war ein toller Tag. _____

_____

_____

☺	☺	☹	
25 – 31 Punkte	19 – 24 Punkte	0 – 18 Punkte	

_____ / 4 Punkte

_____ / 31 Punkte

Menschen A2, Testtrainer 978-3-19-031902-2 © Hueber Verlag; Kopiervorlage, Display © fotolia / Timo Darco

TEST 1 – Wörter und Strukturen

Name: _____

1 Was sehen Sie im Raum? Ergänzen Sie den Satz.

WÖRTER

üTr | gerehrstäFen | scbihitSrech | pielSeg |
oSaf | sesKin | pheTicp

Ich sehe eine Tür, ein _____
_____
_____

_____ / 6 PUNKTE

2 Was ist richtig? Kreuzen Sie an.

WÖRTER

a Wo ⊗ hängt ○ liegt die Lampe?
b Wohin soll ich deinen Koffer ○ stellen ○ stehen?
c Wo ○ legt ○ liegt die Zeitung?
d Wohin ○ liegst ○ legst du den Teppich?
e Wo soll dein neuer Tisch ○ stehen ○ stellen?

_____ / 4 PUNKTE

3 Wo ist was? Ergänzen Sie den Artikel.

STRUKTUREN

a ■ Wo hängt die Lampe? ▲ Über *dem* Tisch.
b ■ Wo liegt die Hose? ▲ Auf _____ Bett.
c ■ Wo hängt das Bild? ▲ An _____ Wand.
d ■ Wo steht das Bett? ▲ Vor _____ Schrank.
e ■ Wo steht die Pflanze? ▲ Neben _____ Fenster.

_____ / 4 PUNKTE

4 Schreiben Sie Antworten wie im Beispiel.

STRUKTUREN

a ■ Wohin soll ich den Fernseher stellen? ▲ *Stell den Fernseher auf das Regal.* (auf / Regal)
b ■ Wohin soll ich den Spiegel hängen?
  ▲ _____ (in / Bad)
c ■ Wohin soll ich das Kissen legen?
  ▲ _____ (auf / Stuhl)
d ■ Wohin soll ich die Pflanze stellen?
  ▲ _____ (in / Ecke)
e ■ Wohin soll ich das Bild hängen?
  ▲ _____ (neben / Tür)
f ■ Wohin soll ich den Herd stellen? ▲ _____
  _____ (zwischen / Schrank und Fenster)

☺	☻	☹
15–19 Punkte	11–14 Punkte	0–10 Punkte

_____ / 5 PUNKTE

_____ / 19 PUNKTE

TEST 2 – Hören, Lesen, Schreiben, Sprechen

Name: _____

▶ 02–07 **1** **Nachrichten auf der Mailbox. Kreuzen Sie an: richtig oder falsch. Hören Sie die Nachrichten zweimal.**

HÖREN

	richtig	falsch
1 Thilo hat am Wochenende keine Zeit zum Renovieren.	○	⊗
2 Maria zieht um und braucht Hilfe.	○	○
3 Mark sucht seit 30 Minuten sein Handy.	○	○
4 Meike sucht ihren Autoschlüssel.	○	○
5 Ulrike braucht Hilfe. Sie möchte Vorhänge ins Wohnzimmer hängen.	○	○
6 Sara bekommt ein Geburtstagsgeschenk.	○	○

_____ / 10 PUNKTE

2 **Im Baumarkt. Lesen Sie die Infotafel und die Aufgaben 1 bis 5. Sie suchen etwas. Wo finden Sie das? Kreuzen Sie an: a, b oder c. (Sie kennen nicht alle Wörter? Das ist kein Problem. Sie können die Aufgabe auch so lösen.)**

LESEN

> **3. STOCK**
> **Innendekoration und Bildershop:**
> Vorhänge, Teppiche, Matten, Bilder, Spiegel
>
> **WO IST WAS?**
>
> **2. STOCK**
> **Leuchten und Elektro:**
> Lampen, LED-Zubehör, Kabel, Türklingel, Zeitschaltuhren
>
> **1. STOCK**
> **Renovieren und Reparieren:**
> Farben, Tapeten, Holz, Böden, Werkzeug, Maschinen
>
> **ERDGESCHOSS**
> **Garten und Balkon:**
> Pflanzen, Töpfe, Gartengeräte, Gartenmöbel, Spielhäuser, Grills

1 Sie brauchen mehr Licht im Bad und möchten eine neue Badezimmerlampe kaufen.
   a ○ 1. Stock   b ⊗ 2. Stock   c ○ anderes Stockwerk

2 Sie finden die weißen Wände in Ihrem Wohnzimmer langweilig und möchten Wandfarbe kaufen.
   a ○ 2. Stock   b ○ 3. Stock   c ○ anderes Stockwerk

3 In Ihrem Schlafzimmer ist es sehr hell. Sie möchten etwas vor die Fenster hängen.
   a ○ 1. Stock   b ○ 3. Stock   c ○ anderes Stockwerk

4 Sie möchten Ihren Balkon schöner machen. Sie brauchen Blumen.
   a ○ Erdgeschoss   b ○ 1. Stock   c ○ anderes Stockwerk

5 Sie möchten einen Holzboden für Ihr Schlafzimmer haben.
   a ○ 2. Stock   b ○ Erdgeschoss   c ○ anderes Stockwerk

_____ / 8 PUNKTE

Menschen A2, Testtrainer 978-3-19-031902-2 © Hueber Verlag: Kopiervorlage

TEST 2 – Hören, Lesen, Schreiben, Sprechen

SCHREIBEN

3 **Lesen Sie den Blog und ergänzen Sie Einrichtungstipps.**

> Mira: Ich brauche Eure Hilfe. Ich bin Anfang Juni umgezogen. Meine Wohnung ist schön: hell und freundlich. Aber leider ist sie nicht sehr groß. Vor allem das Wohnzimmer ist klein. Und ich habe viele Möbel und auch viele andere Gegenstände. Ich sammle ja Vasen, wie Ihr wisst … Habt Ihr Tipps?

Simone: Leg keinen Teppich auf den Boden. *Dann sieht der Raum größer aus.*

Frieda: Helle Farben an der Wand sind wichtig. _____

_____

Bernd: Vorsicht mit großen Möbeln. _____

_____

Peter: Häng einen großen Spiegel an die Wand. _____

_____

Helga: Wie viele Vasen hast du? _____

_____

_____ / 8 PUNKTE

SPRECHEN

4 **Ordnen Sie das Gespräch.**

- ○ Ich habe keinen Spiegel.
  Wie findest du das Bild hier?

- ○ Ja, stimmt! Auf dem Regal ist noch Platz.
  Und was mache ich mit der Wand hier?

- ○ Oh! Vorsicht mit dem Bild. Es ist sehr
  dunkel und macht den Raum kleiner.

- ① Wohin soll ich den Fernseher stellen?

- ○ Häng doch einen Spiegel an die Wand.
  Das macht den Raum größer.

- ○ Den kannst du auf das Regal stellen.
  Dann sieht der Raum nicht so voll aus.

☺	☺	☹	_____ / 5 PUNKTE
25 – 31 Punkte	19 – 24 Punkte	0 – 18 Punkte	_____ / 31 PUNKTE

TEST 1 – Wörter und Strukturen

Name: _____

1 Urlaub. Ergänzen Sie.

a Ich fahre in den Sommerferien am liebsten ans Meer.
   Ich liege gern am St _r a n d_.

b Ich habe im Beruf viel Stress. Deshalb brauche ich im
   Urlaub viel R _ _ _ _.

c Urlaub auf einem Bauernhof? Ich finde die Idee super.
   Unsere Kinder lieben T _ _ _ _ _.

d Ich bin gern im Wald. Da ist die L _ _ _ _ so gut und
   ich höre gern die V _ g _ _ _ singen.

e Berge, Hügel, See oder Meer: Welche L _ _ _ _ _ _ _ _ _ _ _ gefällt dir am besten?

f Machst du lieber in einer großen Stadt oder in einem D _ _ _ _ Urlaub?

g Ich mag Hunde überhaupt nicht. Aber K _ _ _ _ _ _ finde ich toll.

_____ / 6 PUNKTE

2 Was passt zusammen? Ordnen Sie zu.

a in den Bergen   liegen
b im Trend   bieten
c eine Reise im Internet wandern
d sportlich   buchen
e viel Service   aktiv sein

_____ / 4 PUNKTE

3 Bilden Sie Nomen mit -ung oder -er.

a ■ Ich kann Sie gern <u>beraten</u>. ▲ Wie viel kostet Ihre _Beratung_?

b ■ Möchten Sie hier <u>übernachten</u>?
   ▲ Ja, gern. Wie teuer ist denn eine _____?

c ■ Herr Panowski <u>vermietet</u> drei Zimmer an Feriengäste.
   ▲ Entschuldigung, ich habe Sie nicht verstanden. Wie heißt der _____?

d ■ Wir <u>fahren</u> mit dem Bus in die Stadt.
   ▲ Kann man die Fahrkarte beim _____ kaufen?

e ■ Wie <u>erholst</u> du dich am besten?
   ▲ Wie? Ich bin total entspannt. Ich brauche keine _____.

f ■ Ich möchte mich für einen Surf-Kurs <u>anmelden</u>.
   ▲ Ja, gern! Die _____ können Sie per E-Mail machen.

☺	☺	☹
13 – 15 Punkte	9 – 12 Punkte	0 – 8 Punkte

_____ / 5 PUNKTE

_____ / 15 PUNKTE

Menschen A2, Testtrainer 978-3-19-031902-2 © Hueber Verlag; © Thinkstock/iStock/stefan marter

TEST 2 – Hören, Lesen, Schreiben, Sprechen

Name: _____

▶ 08–09 **1** **Was ist richtig? Kreuzen Sie an: a, b oder c. Hören Sie die Gespräche zweimal.**

HÖREN

Gespräch 1

1 Es gibt die Yoga-Schule …
  a ○ seit zwei Jahren.   b ○ seit einem Jahr.   c ⊗ seit drei Jahren.
2 Die Yoga-Schule ist …
  a ○ in Deutschland.   b ○ in der Türkei.   c ○ in Österreich.
3 Die Yoga-Schule liegt …
  a ○ direkt am Meer.   b ○ in den Bergen.   c ○ an einem Fluss.

Gespräch 2

4 Marie war im Urlaub …
  a ○ in Griechenland.   b ○ am Meer.   c ○ in den Bergen.
5 Sie und Peter haben … übernachtet.
  a ○ im Hotel   b ○ auf einem Campingplatz   c ○ in einer Surf-Schule
6 Marie findet Kite-Surfen …
  a ○ spannend.   b ○ wahnsinnig schön.   c ○ gefährlich.   _____ / 10 PUNKTE

2 **Lesen Sie die Anzeigen und die Aufgaben 1 bis 6. Welche Anzeige passt zu welcher Situation? Für eine Aufgabe gibt es keine Lösung. Schreiben Sie hier den Buchstaben X.**

LESEN

a Ferienhaus in Südfrankreich
Suchen Sie ein schönes Haus für den nächsten Wanderurlaub? In unserem Ferienhaus ist Platz für sechs Personen. Es hat drei Schlafzimmer, eine große Küche und einen Pool. Das Haus liegt in den Bergen, umgeben von tollen Wanderwegen.

b Kanu-Touren in Schweden
Möchten Sie mal anders Urlaub machen? Reisen Sie mit uns auf Flüssen und Seen in Schweden. Wir bieten seit 30 Jahren Wasserwanderungen an.

c Sprachreisen
Ein Sprachkurs in London, als Au-pair nach Spanien, drei Monate in einer Gastfamilie in den USA? Wir organisieren Sprachreisen für Jugendliche und Erwachsene in über 20 Länder.

d Urlaub auf dem Bauernhof
Erholung für die ganze Familie! Auf unserem Bio-Bauernhof sind Ihre Kinder den ganzen Tag draußen an der frischen Luft. Sie können Tiere pflegen und reiten und vieles mehr. Übernachten Sie in gemütlichen Ferienwohnungen oder auf unserem Campingplatz. Wir beraten Sie gern!

e Surfen auf dem Gardasee
Seit 10 Jahren bieten wir am Gardasee Surfkurse an – für Erwachsene und Kinder, für Gruppen und Einzelpersonen, in Deutsch und Englisch. Fragen Sie nach einem Angebot!

Anzeige
1 Sie sind im Urlaub gern aktiv, mögen Wassersport und Nordeuropa.   *b*
2 Sie suchen für Ihre 16-jährige Tochter einen Sommersprachkurs im Ausland.   _____
3 Sie planen den nächsten Familienurlaub und Ihre Kinder lieben Tiere.   _____
4 Sie lieben die Berge und verreisen gern in einer kleinen Gruppe.   _____
5 Sie möchten allein einen Wellness-Urlaub am Meer machen.   _____
6 Sie möchten mit Freunden im Urlaub sportlich aktiv sein und einen Kurs machen.   _____

_____ / 10 PUNKTE

3 Schulausflug. Lesen Sie die E-Mail und schreiben Sie eine Antwort.
Beantworten Sie die Fragen der Lehrerin.

SCHREIBEN

Liebe Eltern der Klasse 2 b,
wir planen einen Ausflug für die ganze Klasse. Ich habe mit den Kindern
Ideen gesammelt:
– ein Tag im Zoo,
– Wandern im Siebengebirge,
– Picknick am Rhein,
– eine Fahrradtour auf den Venusberg.
Welche Idee gefällt Ihnen am besten? Welche finden Sie überhaupt nicht gut?
Oder haben Sie eine andere Idee? Bitte antworten Sie bis zum 23. Mai.
Herzliche Grüße
Sonja Feldner

Liebe Frau Feldner,
danke für Ihre E-Mail. *Mir gefällt* _____
_____
_____
_____
_____
Danke für Ihre Mühe und viele Grüße
_____

_____ / 6 PUNKTE

4 Ordnen Sie zu.

SPRECHEN

am liebsten | funktioniert nicht | gefällt dir am besten |
überhaupt nicht | würde gern

a ■ Und was würdest du *am liebsten* im Urlaub machen?
  ▲ Ich _____ eine Reise nach
    Marokko buchen.
b ■ Ein Kochkurs für Paare? Also, mir gefällt die Idee gut.
  ▲ Echt? Ich mag die Idee _____ .
    Ich glaube, das _____ .
  ■ Ach, und welche Idee _____ ?

☺	😐	☹
27 – 34 Punkte	20 – 26 Punkte	0 – 19 Punkte

_____ / 8 PUNKTE

_____ / 34 PUNKTE

Menschen A2, Testtrainer 978-3-19-031902-2 © Hueber Verlag; Kopiervorlage

TEST 1 – Wörter und Strukturen

Name: _____

WÖRTER

1 Einkaufen. Ergänzen Sie.

a Ich hätte gern ein Kilo B a n a n e n.
b Ich nehme fünf B _ _ _ _ _ und zwei Äpfel.
c Welches Gemüse möchtest du? Magst du B _ _ _ _ _?
d Wir brauchen noch Getränke für Samstag.
   Ich kaufe drei Liter S _ _ _ und vier Flaschen C _ _ _.
e Ich backe morgen Kuchen. Bringst du bitte noch
   ein Pfund M _ _ _ und 250 Gramm Q _ _ _ _ mit?

_____ / 6 PUNKTE

WÖRTER

2 Wie heißt das Gegenteil? Ergänzen Sie.

a dunkel – *hell*   d teuer – _____
b hungrig – _____   e mager – _____
c hart   – _____   f gekocht – _____

_____ / 5 PUNKTE

STRUKTUREN

3 Was ist richtig? Kreuzen Sie an.

a Parmaschinken ist ein   ○ rohes   ○ rohe   ⊗ roher   Schinken.
b Magermilch ist eine   ○ fettarmer   ○ fettarme   ○ fettarmes   Milch.
c Baguette ist ein   ○ helles   ○ helle   ○ hellen   Brot.
d Brie ist ein   ○ weiche   ○ weicher   ○ weiches   Käse.
e Okra ist ein   ○ grüne   ○ grüner   ○ grünes   Gemüse.

_____ / 4 PUNKTE

STRUKTUREN

4 Ergänzen Sie die Endungen.

a Ich hätte lieber einen mager*en* Schinken.
b Ich trinke gern mal einen frisch gepresst____ Saft.
c Wollen wir einen lecker____ Kuchen mit frisch____
   Obst bestellen?
d Ich habe keine gut____ Tomaten gefunden. Sie
   waren alle noch grün.
e Magst du keine fettarm____ Milch?
f Ich hätte gern ein weich____ Ei.

☺	😐	☹
17 – 21 Punkte	13 – 16 Punkte	0 – 12 Punkte

_____ / 6 PUNKTE

_____ / 21 PUNKTE

Name: _____

▶ 10 **1 Was ist richtig? Kreuzen Sie an: a, b oder c. Hören Sie das Gespräch zweimal.**

HÖREN

1 Für das Frühstück brauchen Tim und Eva ...
   a ◯ Milch.   b ◯ Eier.   c ⊗ Orangensaft.
2 Für die Pizza kauft Tim ...
   a ◯ ein Pfund Mehl.   b ◯ ein Kilo Mehl.   c ◯ gekochten Schinken.
3 Tim möchte für den Salat ...
   a ◯ 200 Gramm Pilze.   b ◯ Cocktailtomaten.   c ◯ eine Dose Thunfisch.
4 Eva braucht für die Suppe ...
   a ◯ nur Kartoffeln.   b ◯ Kartoffeln und Bohnen.   c ◯ Erbsen und Kartoffeln.
5 Für den Kuchen braucht Tim ...
   a ◯ Erdbeeren und Quark.   b ◯ Quark und Mehl.   c ◯ Erdbeeren und Mehl.

_____ / 8 PUNKTE

**2 Lesen Sie die Frühstückskarte und die Aufgaben 1 bis 5.
Kreuzen Sie an: richtig oder falsch.**

LESEN

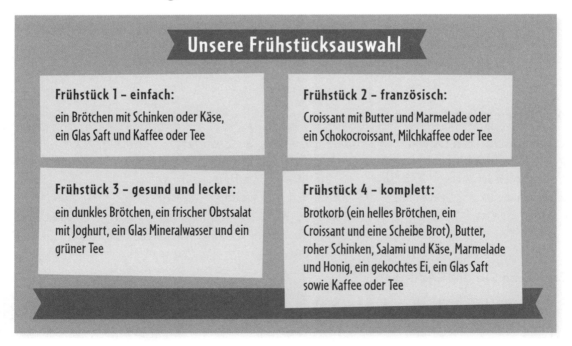

Unsere Frühstücksauswahl

Frühstück 1 - einfach:
ein Brötchen mit Schinken oder Käse,
ein Glas Saft und Kaffee oder Tee

Frühstück 2 - französisch:
Croissant mit Butter und Marmelade oder
ein Schokocroissant, Milchkaffee oder Tee

Frühstück 3 - gesund und lecker:
ein dunkles Brötchen, ein frischer Obstsalat
mit Joghurt, ein Glas Mineralwasser und ein
grüner Tee

Frühstück 4 - komplett:
Brotkorb (ein helles Brötchen, ein
Croissant und eine Scheibe Brot), Butter,
roher Schinken, Salami und Käse, Marmelade
und Honig, ein gekochtes Ei, ein Glas Saft
sowie Kaffee oder Tee

	richtig	falsch
1 Zum Frühstück 1 gibt es Mineralwasser.	◯	⊗
2 Zum französischen Frühstück gibt es zwei Croissants.	◯	◯
3 Das Obst im Frühstück 3 gibt es mit Joghurt.	◯	◯
4 Zum Frühstück 3 gibt es keinen Kaffee.	◯	◯
5 Frühstück 4 gibt es mit einer Portion Rührei.	◯	◯
6 Der Schinken im Frühstück 4 ist gekocht.	◯	◯

_____ / 5 PUNKTE

Menschen A2, Testtrainer 978-3-19-031902-2 © Hueber Verlag; Kopiervorlage

TEST 2 – Hören, Lesen, Schreiben, Sprechen

3 **Lesen Sie die Fragen und schreiben Sie Antworten.
(Zwei Antworten passen nicht.)**

abends keinen Saft trinken, nur Wasser | gar kein Brot mögen, auch keine Brötchen essen |
keinen gekochten Schinken mögen, lieber rohen Schinken essen | keinen weichen Käse mögen
und keinen Joghurt essen | ~~morgens gern Kaffee mit viel Milch und Zucker trinken~~ |
nein, keine gekochten Eier, aber Rührei mögen

1 Was trinkst du gern zum Frühstück?   _Ich trinke morgens gern Kaffee mit viel Milch und Zucker._

2 Isst du morgens gern ein weich gekochtes Ei?   _____

3 Und welchen Schinken isst du gern?   _____

4 Welches Brot magst du gern?   _____

_____ / 6 Punkte

4 **Ergänzen Sie das Gespräch.**

■ Was d a r f e s s e i n?
▲ I ___ hä _____ g ___ einen leckeren Käse.
■ Mö _____ S __ l _____ einen weichen
   oder einen harten Käse?
▲ G _____ S ___ m __ bitte einen harten Käse.
■ Der Pecorino ist gerade i __ An _____. Wie viel darf es sein?
▲ Ich n _____ 200 Gramm.
■ Gern. D ____ e __ sonst noch etwas sein?
▲ Nein, d _____. Das ist a _____.

_____ / 7 Punkte

5 **Schreiben Sie ein Gespräch.**

Aber ich mag doch keinen Saft! | ~~Ich habe dir einen großen Orangensaft bestellt.~~ |
Möchtest du lieber einen Milchkaffee? | Nein, ich möchte lieber ein Croissant. |
Soll ich dir ein Brötchen bestellen? | Oh ja, ich trinke sehr gern Kaffee.

■ _Ich habe dir einen großen Orangensaft bestellt._
▲ _____
■ _____
▲ _____
■ _____
▲ _____

☺	😐	☹	_____ / 5 Punkte
25 – 31 Punkte	19 – 24 Punkte	0 – 18 Punkte	_____ / 31 Punkte

TEST 1 – Wörter und Strukturen

Name: _____

WÖRTER

1 Was passt zusammen? Ordnen Sie zu.

a in einen Club — besichtigen
b ein bisschen Geld finden
c viele Sehenswürdigkeiten wechseln
d einen Rundgang gehen und tanzen
e eine Unterkunft machen

_____ / 4 PUNKTE

WÖRTER

2 Finden Sie fünf Wörter. Ordnen Sie zu.

dig | füh | geld | hens | keit | markt | pros | rei | rer | ris | se | se |
pekt | su | ten | tou | trink | wür | per

a Der _Reiseführer_ ist nett und weiß sehr viel über die Stadt.
b Der Kölner Dom ist eine berühmte _____.
c Pro Jahr besichtigen über sechs Millionen _____
  den Kölner Dom.
d Der Kellner hat _____ bekommen und bedankt sich.
e Dieser _____ hat bis 22 Uhr geöffnet.
f In dem grauen _____ stehen alle wichtigen
  Informationen über die Führung.

_____ / 5 PUNKTE

STRUKTUREN

3 Ergänzen Sie die Endungen.

■ Ich war am letzt_en_ (a) Wochenende in Bonn.
  Warst du schon mal dort im berühmt____ (b)
  Beethovenhaus?

▲ Ja, das kenne ich gut. Meine Schwester
  wohnt in Bonn. Ich mag das schön____ (c) Münster
  sehr gern.

■ Ja, ich auch. Wir haben lange auf dem
  groß ____(d) Marktplatz gesessen und Kaffee getrunken.

▲ Das ist doch der Platz am _Alt_ ____(e) _Rathaus_, oder?

■ Ja, richtig! Ich finde auch das modern ____(f)
  Kunstmuseum mit den lustig ____(g) Dächern sehr interessant.

▲ Ich finde Kunst nicht so spannend. Aber im nett ____(h)
  Museumscafé gibt es guten Kuchen.

■ Wie findest du den neu ____(i) Posttower? Den habe ich
  jetzt zum ersten Mal gesehen.

▲ Also ich mag ihn. Aber am liebsten bin ich
  am gut ____(j) alt ____(k) Rhein.

☺	☺	☹
14–17 Punkte	10–13 Punkte	0–9 Punkte

_____ / 8 PUNKTE

_____ / 17 PUNKTE

Menschen A2, Testtrainer 978-3-19-031902-2 © Hueber Verlag; © PantherMedia/Sascha Flegel

TEST 2 – Hören, Lesen, Schreiben, Sprechen

Name: _____

▶11

1 **Was ist richtig? Kreuzen Sie an. Hören Sie das Gespräch zweimal.**

1 Karl möchte in Berlin unbedingt das Brandenburger Tor sehen. ⊗
2 Er besucht vielleicht den tollen Zoo. ◯
3 Das Pergamonmuseum interessiert ihn sehr. ◯
4 Er findet das Deutsche Historische Museum interessant. ◯
5 Er möchte nicht ins Deutsche Technikmuseum. ◯
6 Er will alle Sehenswürdigkeiten besichtigen. ◯
7 Er will Fotos machen. ◯   _____ / 12 PUNKTE

2 **Lesen Sie die Texte und die Aufgaben 1 bis 6. Wo finden Sie die Informationen? Kreuzen Sie an: A, B, C oder D. (Sie kennen nicht alle Wörter? Das ist kein Problem. Sie können die Aufgabe auch so lösen.)**

Ⓐ Sie suchen eine etwas andere Stadtführung? Unsere Stadtführer zeigen Ihnen nicht nur berühmte Sehenswürdigkeiten und beliebte Treffpunkte. Sie besuchen mit Ihnen Orte, die nur wenige Touristen kennen. Bei uns können Sie auch Themenführungen buchen – ganz nach Ihren Wünschen.
www.staedtefuehrungen-mal-anders.de

Ⓑ Sie möchten eine Städtetour machen, haben aber keine Zeit für die Vorbereitung? Wir planen für Sie! Sie suchen eine schicke Unterkunft oder ein tolles Restaurant? Sie möchten die besten Sehenswürdigkeiten und Museen besichtigen? Sie möchten ein buntes Programm, aber keinen Stress? Dann sind Sie bei uns genau richtig.
www.ein-tag-in.de

Ⓒ Taxifahrer, Kofferträger, Kellner: Wer bekommt wie viel Trinkgeld? Diese und andere Fragen beantwortet unser Webportal „Knigge International". So machen Sie als Tourist oder Geschäftsreisender alles richtig.
www.knigge-international.com

Ⓓ Ein Tag auf dem Rhein! Fahren Sie mit einem modernen Schiff durch das berühmte Weltkulturerbe Mittelrhein. Unser Schiff startet in Bingen und die Reise endet in Bonn. Unterwegs halten wir in Bacharach. Dort haben Sie Zeit für einen Rundgang durch die kleine Stadt mit ihren wunderschönen Fachwerkhäusern und der alten Stadtmauer.
www.rheinfahrten.de

	A	B	C	D
1 Sie möchten eine kleine Stadt am Rhein besichtigen.	◯	◯	◯	⊗
2 Sie wissen nicht, wie viel Trinkgeld Sie im Café geben sollen.	◯	◯	◯	◯
3 Sie haben Lust auf eine Schiffstour.	◯	◯	◯	◯
4 Sie haben nicht viel Zeit, aber möchten einen Ausflug machen.	◯	◯	◯	◯
5 Sie möchten eine Führung zu einem bestimmten Thema machen.	◯	◯	◯	◯
6 Sie planen Ihre Städtereise nicht gern selbst.	◯	◯	◯	◯

_____ / 5 PUNKTE

HÖREN

LESEN

TEST 2 – Hören, Lesen, Schreiben, Sprechen

SCHREIBEN

3 Lesen Sie die E-Mail und antworten Sie.

Hallo!

Schön, dass Du am Sonntag zu Besuch kommst. Ich zeige Dir gern ein bisschen die Stadt.
Was möchtest Du machen? Wir haben hier eine tolle alte Kirche. Da sind am Sonntag oft
Konzerte. Oder hast Du Lust auf Kunst? Im Kunstmuseum gibt es eine schöne Ausstellung
zur Malerei der Moderne. Wir können auch einen Ausflug mit dem Schiff machen. Auf dem
Rhein ist es wirklich sehr schön. Oder wir gehen einfach spazieren und machen einen
faulen Tag. Du kannst entscheiden! Ich freue mich auf Dich.
Liebe Grüße
Tom

am liebsten einen faulen Tag machen, spazieren gehen und Kaffee trinken | Kunstmuseum
nicht so interessant | moderne Kunst schwierig | alte Kirchen langweilig | Ausflug mit dem
Schiff schön

Lieber Tom!
Ich freue mich auch! Das sind ja richtig viele Ideen! *Ich möchte am liebsten* _____

_____

_____

_____

_____ Das Wetter soll ja gut werden.

_____

_____

_____ / 11 Punkte

SPRECHEN

4 Ergänzen Sie die Gespräche.

~~Das ist doch langweilig.~~ | Das ist eine gute Idee. Einverstanden. | Ich bin auch dafür. |
Ich finde das nicht so spannend. | Dann machen wir das. | Was denkt ihr?

1 ■ Wollen wir am Sonntagnachmittag die neue Ausstellung im Kunstmuseum ansehen?
  ▲ Auf keinen Fall. *Das ist doch langweilig.*

2 ■ Am Samstag können wir ins Kino gehen. Der Film „Shaun das Schaf" ist bestimmt
  lustig. ▲ Ja. _____

3 ■ Wir können am Rhein spazieren gehen. Das gefällt unserem Besuch sicher.

  ▲ _____

  _____ Wollen wir nicht lieber
  mit einem Schiff fahren?

  ● Gute Idee! _____

  ■ Eine Schiffstour? Also gut. _____

☺	☺	☹	_____ / 5 Punkte
27 – 33 Punkte	20 – 26 Punkte	0 – 19 Punkte	_____ / 33 Punkte

Menschen A2, Testtrainer 978-3-19-031902-2 © Hueber Verlag; Kopiervorlage

TEST 1 – Wörter und Strukturen

Name: _____

1 Ergänzen Sie die Wörter und den Artikel.

WÖRTER

1 *die*   B ü h n e
2 _____ S _ _ _ _
3 _____ K _ _ _ _ _ _ _ r
4 _____ E _ _ t _ _ _ _ k _ _ _
5 _____ E _ _ _ _ _ _ _ _ g
6 _____ V _ _ _ _ g
7 _____ D _ _ _ _ _ _ _ _ n
8 _____ F _ _ _
9 _____ K _ _ _ _ _

_____ / 8 PUNKTE

2 Ergänzen Sie die Verben in der richtigen Form. (Zwei Verben passen nicht.)

WÖRTER

ausmachen | erleben | halten | hinfahren | ~~stattfinden~~ | vorschlagen | zahlen

a Wo *findet* die Veranstaltung *statt*?
b Kommst du mit ins Kino? Wollen wir zusammen _____?
 Ich habe ein Auto.
c Sollen wir einen Termin _____?
d Was wollen wir am Wochenende machen? Was _____ du _____?
e Was _____ du von einem Ausflug nach Potsdam?

_____ / 4 PUNKTE

3 Was passt? Ordnen Sie zu.

STRUKTUREN

a Wann machst du Urlaub?   Über drei Wochen.
b Wie lange bleibst du in Spanien?   Von morgen an.
c Seit wann wohnst du in München?   Vom 15. Juni bis 3. Juli.
d Ab wann arbeitest du wieder?   Seit Februar 2012.

_____ / 3 PUNKTE

4 Ergänzen Sie von ... an, von ... bis oder seit.

STRUKTUREN

a Das Theater-Festival gibt es schon *seit* 1850. Es findet immer
 _____ statt. (Juni – August)
b Der Film läuft _____ in vielen Kinos.
 (nächsten Donnerstag)
c Ich will _____ einem Jahr in dieses Museum gehen.
 Es ist aber nur _____ geöffnet. (Di. – Do.)

☺	☺	☹
15–19 Punkte	11–14 Punkte	0–10 Punkte

_____ / 4 PUNKTE

_____ / 19 PUNKTE

Menschen A2, Testtrainer 978-3-19-031902-2 © Hueber Verlag; Kopiervorlage

Name: _____

▶12 **1** **Kreuzen Sie an: richtig oder falsch. Hören Sie den Text einmal.**

HÖREN

	richtig	falsch
1 Martin geht am Wochenende ins Theater.	⊗	○
2 Seine Kinder kommen nicht mit.	○	○
3 Die Theaterkarten haben 180 Euro gekostet.	○	○
4 Michael möchte nicht so gern ins Theater gehen.	○	○
5 Er geht am Wochenende zu einem Rock-Festival.	○	○
6 Martin kennt das Festival nicht so gut.	○	○

_____ / 10 PUNKTE

2 **Lesen Sie die Anzeigen zu den Veranstaltungen und die Aufgaben 1 bis 6. Welche Anzeige passt zu welcher Situation? Für eine Aufgabe gibt es keine passende Anzeige. Schreiben Sie hier den Buchstaben X.**

LESEN

Ⓐ **„Die Dokumentarfilme von Wim Wenders"**
Vortrag von Prof. Dr. Tim Meier
19.30 Uhr im Filmmuseum (Nussallee 4)
Eintritt frei

Ⓑ **Single-Party – Hits der 80er und 90er Jahre**
21 Uhr in den Tanzsälen am Rhein
Eintritt: 10 Euro (ein Cocktail frei)

Ⓒ **„Fremde Blicke"**
Fotoausstellung von fünf Künstlerinnen und Künstlern aus Afrika, Asien, Europa und Südamerika
Galerie am Schloss (Schlossstr. 80)
Eröffnung: 15. Juni um 20.30 Uhr
Diskussionsabend: 20. Juni um 19.00 Uhr

Ⓓ **Mitsingkonzert**
für alle, die nicht nur unter der Dusche singen wollen.
Mit Stefanie Neumann und Band,
ab 20.00 Uhr im Gloria-Theater.
Eintritt: 10 Euro
(5 Euro für Schüler, Studenten und Rentner)

Ⓔ **Tanz der Vampire – Kostüm-Party**
21.30 Uhr im Gloria
Eintritt mit Kostüm: frei
Eintritt ohne Kostüm: 15 Euro

Anzeige

1 Sie schauen gern Fotos an. _____C_____
2 Sie haben Lust auf eine Party und lieben Kostüme. _____
3 Sie möchten mehr über Filme wissen. _____
4 Sie möchten wissen, welche Filme in der nächsten Woche im Kino kommen. _____
5 Sie tanzen gern und suchen einen Partner. _____
6 Sie singen gern, haben aber keine Zeit für einen Chor. _____

_____ / 10 PUNKTE

Menschen A2, Testtrainer 978-3-19-031902-2 © Hueber Verlag; Kopiervorlage

6

Menschen A2, Testtrainer 978-3-19-031902-2 © Hueber Verlag; © Thinkstock/Hemera/Pavel Losevsky

SCHREIBEN

3 **Lesen Sie den Blog und schreiben Sie einen Eintrag.**

Hallo, Ihr Lieben!
Heute schreibe ich über meine Lieblingsveranstaltung, ein Filmfestival: die Internationalen Hofer Filmtage (www.hofer-filmtage.com). Es findet seit 1967 fast jedes Jahr in Bayern statt. Dieses Jahr fahre ich vom 20. bis 25. Oktober nach Hof. Ich war vor drei Jahren zum ersten Mal dort. Am besten gefallen mir die verschiedenen Menschen dort. Es treffen sich Filmfans aus der ganzen Welt. Das ist wirklich spannend. Und was ist Eure Lieblingsveranstaltung? Was findet Ihr daran toll?

Tollwood Sommerfestival | 24. Juni bis 19. Juli 2015 | Olympiapark Süd in München | Festival für Musik- und Theaterfans | Live-Musik aus der ganzen Welt

_____

_____

_____

_____

_____ / 6 PUNKTE

SPRECHEN

4 **Welche Antwort passt? Kreuzen Sie an.**

a ■ Wie wäre es mit einer Stadtführung?
  ▲ ☹   ⊗ Nein, das ist keine so gute Idee.   ○ Okay, das machen wir.
b ■ Willst du heute Abend zur Party mitkommen?
  ▲ ☹   ○ Aber gern.   ○ Sehr nett, aber ich kann heute leider nicht …
c ■ Wir gehen am Freitag ins Kino. Möchtest du vielleicht mitkommen?
  ▲ ☺   ○ Ja, gern. Das ist eine gute Idee.   ○ Also, ich weiß nicht
d ■ Lass uns zusammen spazieren gehen. Geht es bei dir am Donnerstag um 19 Uhr?
  ▲ ☺   ○ Das ist keine so gute Idee.   ○ Ja, das passt!

_____ / 3 PUNKTE

SPRECHEN

5 **Ergänzen Sie.**

1 ■ Am Freitag gibt Grönemeyer ein Konzert. W _i_l_l_s_t_ du m _i_t_k_o_m_m_e_n_? ▲ Aber g _ _ _ _!

2 ■ Darf ich etwas v _ _ _ _ _ _ _ _ _ _ _? Wie w _ _ _ _ es m _ _ _ einem Ausflug nach Wien? ▲ Also, ich w _ _ _ _ ni _ _ _ _. Das ist k _ _ _ _ _ so g _ _ _ _ I _ _ _ _.

3 ■ Wollen wir noch e _ _ _ _ _ _ Tr _ _ _ _ p _ _ _ _ _ ausmachen?
  ▲ Ja, wir treffen uns um 17 Uhr am Theaterplatz.
  ■ Okay, d _ _ _ m _ _ _ _ _ _ _ w _ _.

4 ■ L _ _ _ _ u _ _ doch mal wieder ins Kino gehen. Vielleicht am Montag?
  Was h _ _ _ _ _ _ du d _ _ _ _ _?
  ▲ Das ist se _ _ _ n _ _ _ _, aber d _ k _ _ _ _ ich l _ _ _ _ _ _ nicht.

☺	⊜	☹
30 – 37 Punkte	22 – 29 Punkte	0 – 21 Punkte

_____ / 8 PUNKTE

_____ / 37 PUNKTE

Name: _____

1 Was passt? Ordnen Sie zu.

WÖRTER

a geben, aber nicht schenken — abnehmen
b Diät machen und Gewicht verlieren — sich ausruhen
c eine Pause machen — teilnehmen
d ein Training machen — leihen
e mitmachen — trainieren

_____ / 4 PUNKTE

2 Ergänzen Sie.

WÖRTER

a ■ Was tust du für deine Gesundheit?
▲ Ich gehe an zwei Tagen in der Woche joggen:
s o n n t a g s und d _ _ _ _ _ _ _ _ _ _ _.
b ■ Ich wiege zu viel und möchte abnehmen.
Du bist so dünn. Wie machst du das?
■ Ich frühstücke gut und esse auch am Mittag
viel, aber a _ _ _ _ _ esse ich nur einen Salat.
c ■ Ich möchte vor der Arbeit schwimmen gehen.
Ab wann hat das Schwimmbad m _ _ _ _ _ _ geöffnet?
▲ M _ _ _ _ _ _ bis f _ _ _ _ _ _ _ ist das Schwimmbad
ab 6 Uhr geöffnet. Ich bin selten so früh da. Ich schwimme lieber
n _ _ _ _ _ _ _ _ _ ab 16 Uhr.

_____ / 6 PUNKTE

3 Sortieren Sie und bilden Sie Sätze.

STRUKTUREN

a Ich glaube, *du solltest etwas für deine Gesundheit tun*.
(tun – du – etwas – solltest – für deine Gesundheit)
b Wir _____.
(am Wochenende – uns – sollten – gut ausruhen)
c Ihr _____.
(trainieren – könntet – in einem Sportverein)
d Ich _____.
(mindestens drei Kilo – sollte – abnehmen)

_____ / 6 PUNKTE

4 Was ist richtig? Kreuzen Sie an.

STRUKTUREN

a Ich gehe ⊗ seit ○ über ○ zwischen drei Wochen regelmäßig joggen.
b Ich stehe ○ seit ○ über ○ zwischen halb sieben und sieben Uhr auf.
c Ich bin jeden Tag ○ seit ○ über ○ zwischen zwei Stunden
an der frischen Luft.
d Ich esse abends ○ seit ○ über ○ zwischen sechs und sieben Uhr.

☺	☺	☹
15 – 19 Punkte	11 – 14 Punkte	0 – 10 Punkte

_____ / 3 PUNKTE

_____ / 19 PUNKTE

Menschen A2, Testtrainer 978-3-19-031902-2 © Hueber Verlag; Kopiervorlage

TEST 2 – Hören, Lesen, Schreiben, Sprechen

Name: _____

1 **Was ist richtig? Kreuzen Sie an: a, b oder c. Hören Sie den Text zweimal.**

HÖREN

1 Wie lange berät Frau Dr. Elisabeth Kunze schon zum Thema „Gesund leben"?
a ◯ Seit 13 Jahren.   b ◯ Seit 30 Jahren.   c ⊗ Seit mehr als 30 Jahren.

2 Wie findet Frau Kunze Diäten?
a ◯ Nicht so gut.   b ◯ Sehr gut.   c ◯ Sehr wichtig.

3 Wann und wie sollte man abends essen?
a ◯ Nach 19 Uhr und wenig Kohlenhydrate.   b ◯ Nicht spät und nicht viel.
c ◯ Viele Kohlenhydrate mit etwas Alkohol.

4 Was ist beim Sport wichtig?
a ◯ Die richtige Sportart.   b ◯ Die beste Tageszeit.   c ◯ Sport muss Spaß machen.

5 Wie viel Sport sollte man machen?
a ◯ Mindestens 15 Minuten pro Tag.   b ◯ Vier Stunden in der Woche.
c ◯ Vier Stunden täglich.

_____ / 8 PUNKTE

2 **Lesen Sie das Programm der Volkshochschule und die Situationen 1 bis 4. Welches Angebot passt? Ordnen Sie die Kursnummer zu.**

LESEN

Volkshochschule Bonn		Kursprogramm: Gesundheit und Ernährung	
Kursnr.	Kurs	Zeiten	Ort
S6547	Rückenyoga	Mo 16:00 – 17:15	Wilhelmstraße 34, Raum E.08
S6548	Aquafitness für Frauen und Männer	Di 19:00 – 19:45	Frankenbad
S6549	Wirbelsäulengymnastik am Vormittag	Mi 10:00 – 11:00	Brotfabrik, Tanzraum 1
E2435	Einführung in die vegane Küche	Di 18:00 – 21:00	Marienschule
E2466	Kochen für Anfänger: köstliches Gemüse	Do 18:00 – 21:00	Marienschule
S6352	Seniorenfitness	Do 10:00 – 11:00	Brotfabrik, Tanzraum 2
S6360	Kung Fu für Anfänger	Mi 20:00 – 21:30	Andreasschule, Sporthalle
S6378	Zumba-Fitness	Fr 19:00 – 20:00	Gertrud-Bäumer-Schule, Gymnastikraum

Kursnummer

1 Jens ist 39 Jahre alt und arbeitet als Kellner. Er hat oft Rückenschmerzen.
Er hat einen Yoga-Kurs gemacht, aber das hat ihm nicht gefallen.
Er möchte etwas anderes ausprobieren, mag aber keine Schwimmbäder.
Er hat vormittags Zeit und macht am liebsten morgens Sport.   _S6549_

2 Sybille ist 72 Jahre alt und möchte Sport machen. Sie tanzt nicht gern und
geht auch nicht gern schwimmen. Sie möchte nicht mit jungen Menschen
in einem Kurs sein, denn sie glaubt, das Tempo ist dann zu hoch. Sie hat
vormittags und nachmittags Zeit. Abends möchte sie zu Hause sein.   _____

3 Marion ist 51 Jahre alt. Sie möchte gesund essen und abnehmen. Sie kocht
nicht gut, aber sie möchte es lernen. Deshalb sucht sie einen Kurs. Sie hat
immer donnerstags und freitags am Abend Zeit.   _____

4 Tim ist 35 Jahre alt und interessiert sich sehr für Asien. Er hat früher Karate
gemacht. Jetzt sucht er eine neue Sportart. Er möchte nicht tanzen. Gymnastik
und Yoga findet er langweilig. Er kann montags und donnerstags nicht.   _____

_____ / 6 PUNKTE

TEST 2 – Hören, Lesen, Schreiben, Sprechen

3 **Lesen Sie die Forumseinträge und schreiben Sie die Antworten.**

SCHREIBEN

abends Sport machen / keinen Kaffee trinken | nur alle fünf Stunden essen / abends keine Kohlenhydrate | ~~regelmäßig Sport machen / viel an der frischen Luft sein~~ | Tischtennis oder Badminton spielen / Gymnastik oder Judo machen | viel mit dem Fahrrad fahren / regelmäßig schwimmen gehen

Gesund leben – Tipps und Tricks

1 Ich bin nicht richtig fit und oft müde. Was würdet ihr mir empfehlen?
   Du solltest regelmäßig Sport machen und viel an der frischen Luft sein.

2 Ich habe oft Rückenschmerzen. Vielleicht sitze ich zu viel? Welche Sportart würdet ihr empfehlen?
   _____

3 Ich bin oft nervös und kann nicht gut schlafen. Habt Ihr einen Tipp für mich?
   _____

4 Ich muss dringend abnehmen. Aber ich esse doch so gern …
   Wer hat einen guten Tipp für mich?
   _____

5 Ich sollte mehr Sport machen. Aber ich hasse Wasser und ich laufe nicht gern.
   Welche Sportart passt zu mir?
   _____
   _____

_____ / 8 PUNKTE

4 **Ordnen Sie zu. (Zwei Antworten passen nicht.)**

SPRECHEN

An seiner Stelle würde ich Aqua-Fitness machen. | Du könntest doch mit dem Fahrrad zur Arbeit fahren. Das dauert nicht lange. | Er könnte joggen. Das ist gut für den Rücken. | Mach doch Fitnesstraining. Das könnten wir zweimal in der Woche zusammen machen. | ~~Wie wäre es mit Basketball? Ich kenne einen guten Verein.~~

a ■ Ich möchte gern Sport im Verein machen. Ich bin ziemlich groß, aber nicht sehr fit.
   ▲ *Wie wäre es mit Basketball? Ich kenne einen guten Verein.*

b ■ Meine Schwester macht jeden Tag eine Stunde Yoga. Ich möchte auch Sport machen, aber ich habe nur wenig Zeit.
   ▲ _____

c ■ Leo hat Schmerzen im Knie. Er kann nicht gut laufen, möchte aber Sport machen.
   ▲ _____

☺	☺	☹
21 – 26 Punkte	16 – 20 Punkte	0 – 15 Punkte

_____ / 4 PUNKTE

_____ / 26 PUNKTE

Menschen A2, Testtrainer 978-3-19-031902-2 © Hueber Verlag; Kopiervorlage

TEST 1 – Wörter und Strukturen

Name: _____

1 **Ergänzen Sie die Nomen mit Artikel.**

a verbinden – *der Verband*

b (sich) verletzen – _____

c operieren – _____

d bluten – _____

e krank sein – _____

f untersuchen – _____

_____ / 5 Punkte

2 **Bilden Sie Wörter und ordnen Sie zu.**

| auf | blu | bun | den | fal | ~~fall~~ | tet | ge | ge | gen | hin |
| len | me | nah | not | sor | ter | sucht | ~~un~~ | un | ver |

Meine Tochter hatte letzten Samstag einen *Unfall* (a). Sie ist mit dem Fahrrad _____ (b). Ihr Knie hat sehr stark _____ (c) und sie hatte Kopfschmerzen. Ich habe mir große _____ (d) gemacht. Wir sind ins Krankhaus gefahren und in die _____ (e) gegangen. Es war ja Samstagabend. Dort war ein netter Arzt. Er hat meine Tochter _____ (f). Er hat ihr Knie _____ (g). Er hat gesagt, dass sie wahrscheinlich eine Gehirnerschütterung hat und viel Ruhe braucht.

_____ / 6 Punkte

3 **Verbinden Sie die Sätze mit *weil*.**

a Mir tut der Magen weh. Ich habe zu schnell gegessen.
Mir tut der Magen weh, weil ich zu schnell gegessen habe.

b Ich mache mir Sorgen. Meine Mutter ist hingefallen.
_____

c Petra kann nicht am Deutschkurs teilnehmen. Sie hat eine Grippe.
_____

d Du bist müde. Du hast viel gearbeitet.
_____

e Ina geht morgen zum Arzt. Sie hat Probleme mit dem Knie.
_____

_____ / 8 Punkte

4 **Warum? Verbinden Sie die Sätze.**

a Ich gehe in die Sprechstunde, weil ——— frage ich meinen Arzt.

b Ich mache mir Sorgen. Deshalb ——— trage ich einen Verband an der Hand.

c Ich hatte einen Unfall, weil ——— ich Magenschmerzen habe.

d Ich habe mich gestern verletzt. Deshalb ——— ich morgen ins Krankenhaus muss.

e Ich habe Angst, weil ——— ich zu schnell gefahren bin.

☺	😐	☹
19 – 23 Punkte	14 – 18 Punkte	0 – 13 Punkte

_____ / 4 Punkte

_____ / 23 Punkte

Menschen A2, Testtrainer 978-3-19-031902-2 © Hueber Verlag; Kopiervorlage

Name: _____

▶ 14   **1**   **Was ist richtig? Kreuzen Sie an. Hören Sie das Gespräch zweimal.**

HÖREN

1 Maria geht es gut.   ○
2 Sie ist seit heute Morgen im Krankenhaus.   ○
3 Sie hat Probleme mit ihrem Fuß.   ○
4 Die Operation findet am Freitag statt.   ○
5 Der Arzt findet die Operation gefährlich.   ○
6 Maria hat Angst und macht sich Sorgen.   ○

_____ / 10 PUNKTE

2   **Lesen Sie die Forumsbeiträge. Wer schreibt was?**
Kreuzen Sie an: carmen70, steff oder karli.

LESEN

NETZ-SPRECHSTUNDE

carmen70   Ich habe seit Monaten Magenschmerzen. Ich war schon bei vielen Ärzten.
Sie haben viele Untersuchungen gemacht, aber nichts gefunden. Mein Magen ist in
Ordnung, sagen sie. Aber warum habe ich dann Schmerzen? Ich vertraue den Ärzten
nicht mehr.

steff   Vielleicht kannst du einfach bestimmte Lebensmittel nicht essen. Ich kann zum
Beispiel keine Milch trinken. Dann bekomme ich sofort schlimme Bauchschmerzen.
Hast du mal einen Test gemacht?

carmen70   Ja. Ohne Erfolg …

karli   Hast du denn viel Stress? Manchmal ist das der Grund für Magenschmerzen.

carmen70   Na ja, es ist schon viel zu tun. Ich habe einen Beruf und zwei Kinder …
Aber was soll ich machen?

karli   Gegen Stress hilft zum Beispiel Yoga. Ich hatte viele Jahre lang immer wieder starke
Kopfschmerzen. Kein Arzt konnte mir helfen. Und Tabletten sind ja auch keine gute
Lösung. Jetzt mache ich seit fünf Monaten Yoga und Meditation – und es ist viel besser.

carmen70   Oh, super. Aber wann soll ich das machen? Ich habe wirklich keine Zeit …

karli   Das musst du entscheiden. Deine Gesundheit ist wichtig. Du brauchst nur eine halbe
Stunde pro Tag. Ich denke, das ist nicht zu viel.

	carmen70	steff	karli
1 Wem tut seit Monaten der Magen weh?	⊗	○	○
2 Wer bekommt Schmerzen von Milch?	○	○	○
3 Wer glaubt den Ärzten nicht?	○	○	○
4 Wer empfiehlt Yoga gegen Stress?	○	○	○
5 Wer kennt den Grund für die Magenschmerzen nicht?	○	○	○
6 Wer hatte früher oft Kopfschmerzen?	○	○	○

_____ / 5 PUNKTE

Menschen A2, Testtrainer 978-3-19-031902-2 © Hueber Verlag; Kopiervorlage

TEST 2 – Hören, Lesen, Schreiben, Sprechen

Menschen A2, Testtrainer 978-3-19-031902-2 © Hueber Verlag; Display © fotolia/Timo Darco

SCHREIBEN

3 **Lesen Sie die SMS und schreiben Sie eine E-Mail als Antwort.**

nicht so gut gehen | gestern Morgen einen Unfall haben |
zur Arbeit mit dem Fahrrad fahren und hinfallen |
zuerst denken: alles in Ordnung | aber dann eine
Frau den Notarzt rufen | im Krankenhaus: die Ärztin
meinen Rücken und meine Hand untersuchen | die
Hand verbinden | jetzt nur mit einer Hand schreiben
können | ein bisschen Kopfschmerzen haben

> Wie!? Du hattest einen Unfall?
> Was ist denn genau passiert?
> Wie geht es Dir? Kann ich etwas
> für Dich tun? Bitte melde Dich! LG

Hallo! Mir geht es nicht so gut. Ich hatte gestern Morgen einen Unfall. Ich

_____ /7 PUNKTE

SPRECHEN

4 **Ergänzen Sie das Gespräch.**

- Du siehst sehr müde aus. I ___ a _____ i O _____?
- Ich glaube, ich bin krank. Ich gehe morgen zum Arzt.
- Oh! Das t ___ m ___ wi _____ s ____ l ____.
  H _____ hast du n _____ Sch _____!
- Das hoffe ich auch. Ich h ___ A _____ v ___ der Untersuchung.
  Ich h _____, ich muss nicht i ___ K _____.
- Ich rufe dich morgen an. Okay?

_____ / 5 PUNKTE

SPRECHEN

5 **Was ist ähnlich? Ordnen Sie zu.**

a Was ist los?
b Ich habe Angst.
c Hoffentlich muss ich nicht zum Zahnarzt.
d Oh, das tut mir echt leid.

Ich mache mir Sorgen.
Das finde ich aber traurig.
Ist alles in Ordnung?
Ich hoffe, ich muss nicht zum Zahnarzt.

_____ / 3 PUNKTE

☺	☺	☹
24–30 Punkte	18–23 Punkte	0–17 Punkte

_____ / 30 PUNKTE

9

TEST 1 – Wörter und Strukturen

Name: _____

1 Was passt nicht? Streichen Sie das falsche Wort durch.

a das Auto – ~~der Import~~ – der Lkw – der Wagen
b der Betrieb – die Firma – das Werk – der Bericht
c der Erfolg – der Arbeiter – der Angestellte – die Mitarbeiterin
d die Halle – das Lager – der Lohn – die Werkstatt

_____ / 3 Punkte

2 Wie kann man das auch sagen? Ergänzen Sie.

a die Hälfte = 50 P r o z e n t
b (zum Beispiel) die 1950er-Jahre = ein J _ _ _ _ _ _ _ _
c nicht angestellt sein = s _ _ _ _ _ st _ _ _ _ _ sein
d mit anderen zusammenarbeiten = im T _ _ _ arbeiten
e in vielen Ländern der Welt = i _ _ _ _ n _ _ _ _ _ _ _
f nicht sinken = st _ _ _ _ _

_____ / 5 Punkte

3 Ergänzen Sie die Endungen der Adjektive.

a Kleines (1) Café sucht flexibl____ (2) Mitarbeiterinnen für den Service.
b Nett____ (3) Team sucht zwei neu____ (4) Mitarbeiter mit international____ (5) Erfahrung.
c Suche freundlich____ (6) Babysitterin für meine kleine Tochter (3 Jahre).
d Suche günstig____ (7) Abendkleid (Größe 38) für eine Hochzeitsfeier.
e Interessant____ (8) Job mit gut____ (9) Arbeitsbedingungen gesucht!
f Suche attraktiv____ (10) Mann mit groß____ (11) Herzen.

_____ / 10 Punkte

4 Ergänzen Sie. Achtung: Steht davor ein Artikel oder nicht?

a ■ Wow. Tolles Erdbeereis! ▲ Ja! Hast du auch schon das lecker____ Schokoladeneis probiert?
b ■ Cool____ Wagen! ▲ Was? Das ist doch nur ein klein____ Auto.
c ■ Nett____ Team, in dem du arbeitest … ▲ Ja, ich habe wirklich Glück mit dem neu____ Team.
d ■ Schön____ Schuhe! ▲ Danke. Hast du auch die bunt____ Strümpfe gesehen?
e ■ Puh. Hart____ Training! ▲ Ach, das letzt____ Training war viel schlimmer!

☺	☺	☹
22 – 27 Punkte	16 – 21 Punkte	0 – 15 Punkte

_____ / 9 Punkte

_____ / 27 Punkte

Menschen A2, Testtrainer 978-3-19-031902-2 © Hueber Verlag; Kopiervorlage

TEST 2 – Hören, Lesen, Schreiben, Sprechen

Name: _____

Menschen A2, Testtrainer 978-3-19-031902-2 © Hueber Verlag; Kopiervorlage

1 Was ist richtig? Kreuzen Sie an. Hören Sie das Gespräch zweimal.

1 Simon kennt seinen Traumberuf   a ○ genau.   b ⊗ noch nicht.
2 Geld zu verdienen ist ihm   a ○ wichtig.   b ○ nicht so wichtig.
3 Er möchte gern   a ○ im Team   b ○ allein   arbeiten.
4 Ihm sind   a ○ Reisen   b ○ internationale Kollegen   wichtig.
5 Simons Opa war früher beruflich   a ○ selten   b ○ oft   im Ausland.
6 Er war immer   a ○ angestellt.   b ○ selbstständig.

_____ / 10 Punkte

2 Lesen Sie die Anzeigen und die Aufgaben 1 bis 7. Welche Anzeige passt zu welcher Situation? Für eine Aufgabe gibt es keine Lösung. Schreiben Sie hier den Buchstaben X.

a Freundlicher Student bietet Hilfe beim Einkaufen, im Garten und im Haushalt. Tel. 0174 72552535

b Familie mit drei Kindern sucht dringend flexible Haushaltshilfe für drei Nachmittage in der Woche. Kontakt: mail@meyer-partner.de

c Suche Büro in Bahnhofsnähe (bis 250 €). Tel. 030 46534163

d Erfolgreiche Firma bietet interessanten Nebenjob für Studenten – flexible Arbeitszeiten und guter Lohn. Kontakt: info@thermoplan.de

e Biete schnelle Reparaturen an Autos und großen Maschinen. Lange Berufserfahrung, günstige Preise. Tel. 0167 63635291

f Suche großes, günstiges Lager für Möbel und Küchengeräte. Ab sofort bis Mai 2017. Kontakt: moebellager2017@web.de

                                                                                               Anzeige

1 Ein Freund hat viel Platz und einen großen trockenen Keller.   _f_
2 Ihr Vater ist alt. Er kann nicht mehr gut laufen und braucht Hilfe im Alltag.   _____
3 Ihre Tochter (22) studiert und möchte ein bisschen Geld verdienen.   _____
4 Ihr Fahrrad ist kaputt. Sie haben im Moment keine Zeit, es zu reparieren.   _____
5 Sie sind selbstständig und haben mit Kollegen ein großes Büro. Ein Zimmer ist noch frei.   _____
6 Ihre Schwester sucht einen Nebenjob für nachmittags. Sie putzt gern.   _____
7 Der Oldtimer-Lkw Ihres Freundes ist kaputt. Er braucht dringend einen Kfz-Mechatroniker.   _____

_____ / 6 Punkte

TEST 2 – Hören, Lesen, Schreiben, Sprechen

SCHREIBEN

3 Traumjob. Was passt zu Ihnen? Kreuzen Sie an und schreiben Sie einen Blogeintrag, in dem Sie alle angekreuzten Punkte verwenden.

○ angestellt sein
○ Vollzeit arbeiten
○ feste Arbeitszeiten haben
○ viel reisen
○ viel Geld verdienen
○ allein arbeiten
○ draußen arbeiten
○ mit den Händen arbeiten

○ selbstständig sein
○ Teilzeit arbeiten
○ flexible Arbeitszeiten haben
○ wenig reisen
○ wenig Geld verdienen
○ im Team arbeiten
○ drinnen arbeiten
○ mit dem Computer arbeiten

Hi! Ich bin auf Jobsuche … Ich bin selbstständig, aber ich will jetzt einen anderen Job haben. Ich möchte gern angestellt sein und Teilzeit arbeiten. Dann habe ich mehr Zeit für meine Familie. Feste Arbeitszeiten finde ich auch gut, weil ich dann besser planen kann. Es ist mir nicht so wichtig, viel Geld zu verdienen. Ich möchte aber auf jeden Fall im Team arbeiten. Nette Kollegen sind mir schon wichtig. Was ist dir wichtig? Wie sieht dein Traumjob aus?

Hi! Ja, wie sieht mein Traumjob aus? Ich möchte gern _____

_____

_____

_____

_____

_____ / 8 PUNKTE

SPRECHEN

4 Ordnen Sie zu. (Eine Antwort passt nicht.)

Ja, sehr | Das ist mir nicht wichtig | ~~Ist dir das wichtig~~ | ist eine gute Idee | möchte nicht so gern | sind mir wichtig | wie wichtig ist dir das

■ Du arbeitest viel draußen. _Ist dir das wichtig_?

▲ _____! Ich brauche auf jeden Fall viel frische Luft. Ich _____ den ganzen Tag im Büro sitzen. Ich arbeite einfach nicht gern drinnen. Draußen ist es schön! Und _____?

■ _____. Ich bin gern in meinem Büro. Ich habe viel Platz und es ist hell und freundlich. Und ich habe ein nettes Team. Meine Kollegen _____.

☺	☻	☹
24 – 29 Punkte	17 – 23 Punkte	0 – 16 Punkte

_____ / 5 PUNKTE

_____ / 29 PUNKTE

Menschen A2, Testtrainer 978-3-19-031902-2 © Hueber Verlag; Kopiervorlage

TEST 1 – Wörter und Strukturen

Name: _____

Menschen A2, Testtrainer 978-3-19-031902-2 © Hueber Verlag; Kopiervorlage

1 Was ist auf dem Tisch? Ergänzen Sie.

WÖRTER

Auf dem Tisch sind Blumen,
zwei T e l l e r, eine G _ _ _ _ _,
ein L _ _ _ _ _ _, eine Serviette,
ein _ _ _ _ Wein, S _ _ _ _,
Z _ _ _ _ _ _ und _ _.

_____ / 6 PUNKTE

2 Im Lokal. Ordnen Sie zu. (Zwei Wörter passen nicht.)

WÖRTER

Essig | Gabel | Messer | ~~Pommes frites~~ | Rechnung | Soße | Steak | Tasse

a Ich hätte gern ein Schnitzel mit Pommes frites.
b Könnten Sie mir noch etwas _____ und Öl für den Salat bringen?
c Das _____ ist nicht sauber. Könnte ich ein anderes bekommen?
d Das _____ ist ja noch roh! Das kann ich nicht essen!
e Ich hätte gern noch eine _____ Kaffee.
f Die _____, bitte! Wir zahlen zusammen.

_____ / 5 PUNKTE

3 Schreiben Sie Sätze mit dass.

STRUKTUREN

a Meine Freundin kommt gleich.
   Ich hoffe, dass meine Freundin gleich kommt.
b Es gibt keine Pommes.
   Schade, _____.
c Ich esse auch einen Nachtisch.
   Ich denke, _____.
d Das Essen ist nicht so teuer.
   Schön, _____.
e Kennen wir uns?
   Kann es sein, _____?

_____ / 4 PUNKTE

4 Was ist gleich? Verbinden Sie.

STRUKTUREN

a Die Soße ist wahrscheinlich gut.   Leider ist die Soße nicht gut.
b Ich hoffe, dass die Soße gut ist.   Die Soße ist gut.
c Schade, dass die Soße nicht gut ist.   Ich glaube, dass die Soße gut ist.
d Schön, dass die Soße gut ist.   Hoffentlich ist die Soße gut.

☺	😐	☹
15–18 Punkte	11–14 Punkte	0–10 Punkte

_____ / 3 PUNKTE

_____ / 18 PUNKTE

TEST 2 – Hören, Lesen, Schreiben, Sprechen

Name: _____

▶ 16–20 **1** **Was ist richtig? Kreuzen Sie an: a, b oder c. Hören Sie die Gespräche zweimal.**

HÖREN

1 Was braucht der Gast noch?
a ◯ Pommes.   b ◯ Salat.   c ⊗ Besteck.

2 Was möchte die Frau trinken?
a ◯ Eine Kanne Tee.   b ◯ Eine Tasse Tee.   c ◯ Ein Bier.

3 Wann kann der Gast bestellen?
a ◯ Gleich.   b ◯ Sofort.   c ◯ Gar nicht.

4 Wie viel muss der Gast bezahlen?
a ◯ 18,60 Euro.   b ◯ 10,80 Euro.   c ◯ 16,80 Euro.

5 Wie zahlen die Gäste?
a ◯ Getrennt.   b ◯ Zusammen.   c ◯ Nicht gern.

_____ / 8 PUNKTE

2 **Lesen Sie die E-Mail und die Aufgaben 1 bis 6. Kreuzen Sie an: richtig oder falsch.**

LESEN

Hallo Lara,

wir haben gestern ein neues Restaurant ausprobiert. Aber es hat mir überhaupt nicht gefallen. Wir hatten einen schönen Tisch am Fenster reserviert, aber dann haben sie uns einen Tisch in einer dunklen Ecke gegeben. Die Kellner waren nicht sehr freundlich und auch nicht schnell. Wie kann es sein, dass man 20 Minuten wartet und nicht bestellen kann? Ich glaube, dass sie keine Lust hatten.
Bestimmt ist der Chef doof.
Ich habe dann ein Bier bestellt und Tina hatte einen Weißwein. Der Wein war nicht kalt. Und auch schade, dass mein Glas nicht sauber war! Das Essen hat auch nicht geschmeckt. Tina hatte einen Salat mit Garnelen und ich hatte ein Steak mit Bratkartoffeln. Die Garnelen waren noch roh! Und meine Bratkartoffeln waren total versalzen. Ich habe dem Kellner gesagt, dass das Essen schlecht ist. Er hat gesagt, dass er das so an die Küche weitergibt. Keine Entschuldigung – nichts.
Da gehen wir nie wieder hin!
Wollen wir am Wochenende zusammen kochen? Hast du Lust und Zeit?
Liebe Grüße
Norbert

	richtig	falsch
1 Norbert und Tina waren in einem neuen Restaurant.	⊗	◯
2 Sie hatten keine Reservierung.	◯	◯
3 Sie hatten einen schönen Tisch am Fenster.	◯	◯
4 Die Kellner haben das Essen nach 20 Minuten gebracht.	◯	◯
5 Tinas Wein war warm.	◯	◯
6 Norbert mochte die Bratkartoffeln nicht.	◯	◯
7 Wenigstens hat der Kellner sehr freundlich reagiert.	◯	◯

_____ / 6 PUNKTE

Menschen A2, Testtrainer 978-3-19-031902-2 © Hueber Verlag; Kopiervorlage

TEST 2 – Hören, Lesen, Schreiben, Sprechen

Menschen A2, Testtrainer 978-3-19-031902-2 © Hueber Verlag; Kopiervorlage

SCHREIBEN

3 **Lesen Sie die Forumseinträge und schreiben Sie die Antworten.**

„Hawaii-Bar": Cocktails sehr gut, Happy Hour, Cocktails 4,50 Euro, Musik klasse |
Restaurant „Feinsinn": Essen frisch und lecker, Fisch sehr gut, Kellnerinnen schnell und freundlich,
aber teuer | ~~Restaurant „Nippon": Essen super, Service freundlich, nicht teuer~~ |
„Schnitzelhaus Jäger": Schnitzel sehr gut und groß, jeden Tag geöffnet, reservieren!

Restaurant-Tipps

1 Wer kennt ein gutes japanisches Restaurant in Heidelberg?
Mir gefällt das Restaurant „Nippon" sehr gut. Das Essen ist super und der Service ist freundlich.
Es ist auch nicht teuer.

2 Wo gibt es in Hannover gute Schnitzel? Wer hat einen Tipp?
_____
_____

3 Wo kann man in Mannheim leckere Cocktails trinken?
_____
_____

4 Ich suche ein nettes Restaurant in Ludwigshafen. Wer kann mir helfen?
_____
_____

_____ / 6 PUNKTE

SPRECHEN

4 **Ordnen Sie zu.**

Die Rechnung | ich komme sofort | Ich nehme ein Schnitzel. Aber bitte nicht mit Pommes |
ich gebe es an die Küche weiter | was kann ich Ihnen bringen | ~~wir würden gern bestellen~~ |
Zusammen oder getrennt | der Salat ist nicht frisch

a ■ Entschuldigung, *wir würden gern bestellen.* _____
  ▲ Einen Augenblick, _____.
b ▲ So, _____?
  ■ _____,
  sondern mit Bratkartoffeln.
c ■ Verzeihen Sie, _____.
  ▲ Oh! Das tut mir leid, _____.
d ■ _____, bitte!
  ▲ _____?

☺	😐	☹
22–27 Punkte	16–21 Punkte	0–15 Punkte

_____ / 7 PUNKTE

_____ / 27 PUNKTE

TEST 1 – Wörter und Strukturen

Name: _____

WÖRTER

1 **Schreiben Sie die Wörter richtig und ordnen Sie zu.**

| tlerAki | rBeafimuglsch | ceweErshan | kotNilbozc | ~~khucSme~~ | ftSof | tWterkast |

a Ringe und Ketten sind _Schmuck_.
b Hosen, Blusen und T-Shirts sind aus _____.
c Der Kurs ist für Kinder, Jugendliche und _____.
d Er ist selbstständig und hat eine eigene _____.
e In der Zeitung war ein _____ über die Firma „Restlos Glücklich".
f Ich muss dringend Briefpapier, Hefte und einen _____ kaufen.
g Hast du die Adresse schon auf den _____ geschrieben?

_____ / 6 PUNKTE

WÖRTER

2 **Was ist richtig? Kreuzen Sie an.**

a Ich kann meine Handtasche nicht finden.
Hoffentlich habe ich sie nicht (X) verloren. ◯ gewünscht.
b Hoffentlich brauchst du den Briefumschlag nicht mehr.
Ich habe ihn ◯ organisiert. ◯ weggeworfen.
c Meine Firma hat früher Möbel ◯ hergestellt. ◯ verwendet.
Heute produzieren wir Fenster.
d Ich habe eine Party für die Mitarbeiter ◯ verwendet. ◯ organisiert.
e Ich habe mir zum Geburtstag Schmuck ◯ gewünscht. ◯ weggeworfen.

_____ / 4 PUNKTE

STRUKTUREN

3 **Was passt zusammen? Ordnen Sie zu.**

a Bedanken wir ⟶ sich gern mit Ihren Kollegen?
b Erinnert ihr   sich oft mit seinen Eltern?
c Fühlst du   euch an den Artikel in der Zeitung?
d Streitet er   uns bei ihm?
e Unterhalten Sie dich manchmal ganz stark?

Ich fühle mich stark.

_____ / 4 PUNKTE

STRUKTUREN

4 **Bilden Sie Aussagesätze. Achten Sie auf die Reflexivpronomen.**

a über den Service ärgern (die Kunden) _Die Kunden ärgern sich über den Service._
b über einen Artikel unterhalten (wir) _____
c an den Geburtstag erinnern (du) _____
d ohne Grund streiten (ihr) _____
e schrecklich fühlen (ich) _____
f für das Geschenk bedanken (die Kollegin) _____

☺	😐	☹
16–20 Punkte	12–15 Punkte	0–11 Punkte

_____ / 6 PUNKTE

_____ / 20 PUNKTE

Menschen A2, Testtrainer 978-3-19-031902-2 © Hueber Verlag; Kopiervorlage

TEST 2 – Hören, Lesen, Schreiben, Sprechen

Name: _____

Menschen A2, Testtrainer 978-3-19-031902-2 © Hueber Verlag; © PantherMedia/Alfred Hofer

▶ 21–26 **1** **Kreuzen Sie an: richtig oder falsch. Hören Sie die Texte einmal.**

HÖREN

	richtig	falsch
1 Das ist eine Geburtstagsparty.	(X)	◯
2 Das ist eine Hochzeitsfeier.	◯	◯
3 Das ist ein Fest für Mitarbeiter und Mitarbeiterinnen.	◯	◯
4 Das ist ein Familienfest.	◯	◯
5 Das ist ein Kindergeburtstag.	◯	◯
6 Das ist ein Firmenjubiläum.	◯	◯

_____ / 10 PUNKTE

2 **Lesen Sie die Forumsbeiträge. Wer schreibt was? Kreuzen Sie an: Karin, Hannes oder Simone. (Tipp: Es ist auch möglich, zwei Namen anzukreuzen.)**

LESEN

Upcycling statt Recycling

Karin: Ich finde es schrecklich, dass man so viel wegwirft. Darum ist Upcycling meiner Meinung nach eine tolle Idee. Ich habe gestern aus alten Flaschen eine Lampe gebaut. Und eine Freundin hat aus ihrer alten Jeans eine Handytasche gemacht. Ich finde es schön, dass man alte Sachen sinnvoll verwendet. Man stellt etwas Neues her. Das macht mich froh!

Hannes: Ja, ich finde auch, dass Upcycling eine gute Idee ist. Das liegt im Trend! Besonders gut gefällt mir, dass das so kreativ ist. Im Internet gibt es so viele Ideen dazu. Gestern habe ich einen Sessel gesehen. Er war aus einer alten Mülltonne hergestellt. Und ein Boot aus Plastikflaschen.

Simone: Also, ich weiß nicht … Ich kaufe gern neue Sachen. Natürlich muss man dann etwas wegwerfen. Aber ist das so schlimm? Meiner Meinung nach ist es gut, dass neue Sachen produziert werden. Das bringt Arbeitsplätze und die sind wichtig. Ich habe gestern Möbel aus alten Autoreifen gesehen. Schrecklich, total hässlich! Das würde ich nicht kaufen!

	Karin	Hannes	Simone
1 … hat kein Problem mit Müll.	◯	◯	(X)
2 … finden Upcycling gut.	◯	◯	◯
3 … nutzt gern selbst alte Sachen.	◯	◯	◯
4 … mag neue Sachen lieber.	◯	◯	◯
5 … freut sich, wenn aus alten Dingen neue werden.	◯	◯	◯
6 … denkt, dass Upcycling modern ist.	◯	◯	◯
7 … findet Möbel aus Autoreifen nicht hübsch.	◯	◯	◯

_____ / 6 PUNKTE

11

TEST 2 – Hören, Lesen, Schreiben, Sprechen

SCHREIBEN

3 Schreiben Sie drei Glückwunschkarten.

1 Ihre Kollegin Inge hat Geburtstag. Sie wird 50 Jahre alt. Sie wünschen ihr Glück und Gesundheit.

```
_____,
_____
_____
_____
```

2 Ihre Nachbarin Frau Schmitz hat eine Firma. Die Firma gibt es nun seit 25 Jahren. Sie gratulieren und wünschen alles Gute für die Zukunft.

```
_____,
_____
_____
_____
```

3 Ihr Kollege Herr Moos arbeitet seit fünf Jahren mit Ihnen zusammen. Sie bedanken sich für die Zusammenarbeit.

```
_____,
_____
_____
_____
```

_____ / 9 Punkte

4 Was sagen Sie? Ordnen Sie zu. (Ein Glückwünsch passt nicht.)

Alles Gute zum 50. Firmenjubiläum! | Ich freue mich, dass du da bist | Viel Glück und Erfolg! | Herzlichen Glückwunsch zum Geburtstag und alles Liebe! | Herzlich willkommen! | Ich gratuliere euch zur Hochzeit und wünsche euch alles Gute!

 a Herzlichen Glückwunsch zum Geburtstag und alles Liebe!

 c _____

 b _____

 d _____

☺	☐	☹
23 – 28 Punkte	17 – 22 Punkte	0 – 16 Punkte

_____ / 3 Punkte

_____ / 28 Punkte

Menschen A2, Testtrainer 978-3-19-031902-2 © Hueber Verlag; Kopiervorlage

TEST 1 – Wörter und Strukturen

Name: _____

WÖRTER

1 **Bilden Sie Wörter und ordnen Sie zu.**

| al | de | ~~ser~~ | fleisch | ge | hol | ko | li | ~~mi~~ |
| mo | na | ~~ne~~ | ne | ~~ral~~ | rich | schwei | te | ~~was~~ |

Ich trinke jeden Tag zwei Liter _Mineralwasser_ (a). _____ (b)
trinke ich nicht so gern, die ist mir zu süß. Meine Kollegen trinken abends
häufig _____ (c). Ich trinke aber selten Bier oder Wein.
Ich esse auch wenig Fleisch. _____ (d) esse ich gar nicht.
Aber ich mag es, wenn die _____ (e) scharf sind.

_____ / 4 PUNKTE

WÖRTER

2 **Wie kann man das auch sagen? Ergänzen Sie.**

a 50 Prozent = die _Hälfte_   d selten = _____
b circa = _____   e billig = _____
c oft = _____   f ohne Fleisch = _____

_____ / 5 PUNKTE

STRUKTUREN

3 **Was passt zusammen? Ordnen Sie zu.**

a Ich finde es lecker,   bekomme ich trockene Haut.
b Wenn ich Fleisch essen möchte,   wenn meine Freunde viel Alkohol trinken.
c Ich mag es nicht,   wenn das Essen scharf ist.
d Wenn ich zu wenig trinke,   wenn ich Gäste habe.
e Ich bereite das Essen gut vor,   nehme ich häufig Huhn.

_____ / 4 PUNKTE

STRUKTUREN

4 **Verbinden Sie die Sätze mit _wenn_.**

a Ich koche kaum vegetarisch. Ich habe Gäste.
   Ich koche kaum vegetarisch, wenn ich Gäste habe.
b Ich wundere mich häufig. Ich sehe Kochsendungen an.
   _____
c Mein Sohn mag Limonade. Sie ist nicht so süß.
   _____
d Wir verbrauchen viel Energie. Wir streiten uns.
   _____
e Du bist bestimmt überrascht. Ich esse mal Fleisch.
   _____
f Meine Tochter bestellt eine große Pizza. Sie hat Hunger.
   _____

☺	☺	☹
15 – 18 Punkte	11 – 14 Punkte	0 – 10 Punkte

_____ / 5 PUNKTE

_____ / 18 PUNKTE

Menschen A2, Testtrainer 978-3-19-031902-2 © Hueber Verlag; © Thinkstock/Zoonar

TEST 2 – Hören, Lesen, Schreiben, Sprechen

Name: _____

▶ 27 **1** **Was ist richtig? Kreuzen Sie an: a, b oder c. Hören Sie das Gespräch zweimal.**

HÖREN

1 Was ist das Thema der Sendung?
  a ○ Klare Texte.   b ○ Die letzte Woche.   c ⊗ Ernährung.

2 Was hat Frau Kunze untersucht?
  a ○ Die Ernährung der Deutschen.   b ○ Die Ernährung der Menschen.
  c ○ Ein Studium.

3 Wie viele Menschen kochen in Deutschland jeden Tag selbst?
  a ○ 20 Prozent.   b ○ 50 Prozent.   c ○ 60 Prozent.

4 Warum kochen viele Menschen nicht selbst?
  a ○ Sie haben kein Kochbuch.   b ○ Sie können nicht kochen.
  c ○ Sie haben keine Zeit.

5 Wie viel Prozent der Männer kochen zu Hause?
  a ○ 23 Prozent.   b ○ 35 Prozent.   c ○ 40 Prozent.

6 Was machen viele junge Menschen, wenn sie essen?
  a ○ Nichts weiter.   b ○ Spazieren gehen.   c ○ Surfen, lesen, fernsehen.

_____ / 5 PUNKTE

2 **Lesen Sie den Zeitschriftenartikel und ordnen Sie zu.**

LESEN

Essen Frauen anders als Männer?

Wie sehen Männer und Frauen das Thema *Ernährung*? Für wen ist Ernährung besonders wichtig? Das haben jetzt Wissenschaftler der Universität Tübingen untersucht – und die Ergebnisse ihrer umfangreichen Studie überraschen uns eigentlich nicht.
Den Frauen in Deutschland ist es sehr wichtig, dass sie wissen, was auf ihrem Teller ist. Sie wählen die Produkte genau aus, wenn sie einkaufen gehen. Sie kaufen gern fettarme, vitaminreiche Kost und Bioprodukte. Allerdings essen Frauen anders, wenn sie Probleme haben. 40 Prozent der Frauen essen dann deutlich mehr und auch viel ungesünder. Und danach ärgern sie sich!

Vitamine oder Bio: Die meisten Männer interessiert es nicht wirklich, was sie essen. 60 Prozent finden es wichtig, jeden Tag Fleisch oder Wurst zu essen. Sie essen täglich doppelt so viel Fleisch und Wurst wie Frauen. Außerdem essen Männer mehr Brot, tierische und pflanzliche Fette, Backwaren, Zucker und Süßwaren. Sie trinken auch mehr Säfte und Bier. So überrascht es auch nicht, dass fast 70 Prozent der Männer zu dick sind. Doch die Hälfte der Männer ist trotzdem mit diesem Gewicht zufrieden. Auch etwa die Hälfte aller Frauen hat zu viel Gewicht und schon mindestens einmal eine Diät ausprobiert.

a Frauen ist es wichtig,   essen sie ungesund.
b Frauen suchen   was sie essen.
c Wenn Frauen Stress haben,   ganz zufrieden.
d Männer finden es nicht so wichtig,   als Frauen.
e Viele Männer sind mit ihrem Gewicht   die Lebensmittel genau aus.
f Männer essen viel mehr Fleisch   sich gesund zu ernähren.

_____ / 5 PUNKTE

Menschen A2, Testtrainer 978-3-19-031902-2 © Hueber Verlag; Kopiervorlage

SCHREIBEN

3 **Sehen Sie die Grafik an. Schreiben Sie noch vier Sätze.**

Das ist den Menschen in Deutschland bei ihrer Ernährung am wichtigsten

gesund 35%
kalorienarm 9%
schnell 6%
günstig 5%
lecker 45%

kalorienarm = wenig Kalorien

Nach einer Statistik der *Techniker Krankenkasse*

5 Prozent der Deutschen finden es wichtig, dass das Essen günstig ist.

_____ / 8 PUNKTE

SPRECHEN

4 **Was passt zusammen? Ordnen Sie zu.**

dass so wenig Menschen selbst kochen | ist das anders |
~~dass die Deutschen so viel Wurst essen~~ | das ist wirklich komisch

■ Ich finde es komisch, _dass die Deutschen so viel Wurst essen._
▲ Ja, _____.
Bei uns in Norwegen _____.
■ Es wundert mich auch, _____.

_____ / 3 PUNKTE

SPRECHEN

5 **Ergänzen Sie das Gespräch.**

■ Ich habe einen Artikel über die Ernährung der Deutschen
gelesen. Es ü _ _ _ _ _ _ _ _ _ _ m _ _ _, dass die
Männer mehr Limonade trinken als die Frauen.
▲ Das w _ _ _ _ _ _ _ m _ _ _ a _ _ _.
In m _ _ _ _ _ _ H _ _ _ _ t ist das anders.
■ Und es w _ _ m _ _ n _ _ _ _ _ kl _ _ _, dass Frauen
mehr Obst essen als Männer.
▲ W _ _ _ l _ _ _ _? Ich glaube, das i _ _ b _ _ _ uns
in Schweden auch so.
■ K _ _ _ _ _ _ h! Ich h _ _ _ _ g _ _ _ _ _ _ _,
das ist bei euch a _ _ _ _ _ _.
▲ Warum?

☺	☺	☹
22 – 27 Punkte	16 – 21 Punkte	0 – 15 Punkte

_____ / 6 PUNKTE

_____ / 27 PUNKTE

TEST 1 – Wörter und Strukturen

Name: _____

WÖRTER

1 Welches Verb passt? Ordnen Sie zu.

anschauen | ~~aufschreiben~~ | mitsingen | korrigieren | lösen | merken

a wichtige Sätze in einem Heft _aufschreiben_   d die Fehler im Test _____
b sich neue Wörter _____   e viele Grammatikaufgaben _____
c einen deutschen Film im Kino _____   f Lieder laut _____

_____ / 5 PUNKTE

WÖRTER

2 Was ist richtig? Kreuzen Sie an.

a Ich höre gern   ⊗ die Nachrichten   ○ den Test   ○ die Gegenwart   im Radio.
b Wenn ich einen Satz nicht verstehe,   ○ korrigiere   ○ löse   ○ übersetze
   ich ihn in meine Muttersprache.
c Als ich im Sommer   ○ gefahren   ○ verreist   ○ verliebt   bin,
   habe ich viele Städte angeschaut.
d Ich mache einen Deutschkurs   ○ in einer Sprachenschule.
   ○ in der Vergangenheit.   ○ in einem Test.

_____ / 3 PUNKTE

STRUKTUREN

3 Schreiben Sie Sätze mit *als*.

a Ich war 17 Jahre alt. Ich habe einen Sprachkurs in Frankreich gemacht.
   Als ich 17 Jahre alt war, habe ich einen Sprachkurs in Frankreich gemacht.
b Mein Vater ist nach China gereist. Er hat die Reise gut geplant.
   _____

c Ich habe mich verliebt. Ich habe den ganzen Tag gesungen.
   _____

d Ich habe die Wörter übersetzt. Ich habe sie endlich verstanden.
   _____

e Ich habe Tai-Chi gemacht. Ich hatte keine Rückenschmerzen.
   _____

_____ / 8 PUNKTE

STRUKTUREN

4 Ergänzen Sie *als* oder *wenn*.

Als (a) ich in der Schule war, habe ich im Sprachunterricht neue Wörter in mein
Vokabelheft geschrieben. Das hat mir aber überhaupt nicht geholfen. _____ (b) wir
einen Test geschrieben haben, habe ich immer viele Fehler gemacht. _____ (c) wir
dann einen neuen Lehrer bekommen haben, hat er mir erklärt, dass ich ein visueller
Lerntyp bin. _____ (d) ich jetzt neue Wörter lerne, zeichne ich ein Bild dazu. Es ist
wirklich toll: _____ (e) ich das mache, funktioniert es!

☺	☺	☹
16 – 20 Punkte	12 – 15 Punkte	0 – 11 Punkte

_____ / 4 PUNKTE

_____ / 20 PUNKTE

Menschen A2, Testtrainer 978-3-19-031902-2 © Hueber Verlag; Kopiervorlage

TEST 2 – Hören, Lesen, Schreiben, Sprechen

Name: _____

▶ 28–32 **1** **Was ist richtig? Kreuzen Sie an: a, b oder c. Hören Sie die Gespräche zweimal.**

HÖREN

1 Wann hat sich der Mann verliebt?
a ◯ Als er zum ersten Mal in der Schule war.   b ◯ Als er 54 Jahre alt war.
c ⊗ Als er Schüler war.

2 Wann war der Mann in Südafrika?
a ◯ Als er nicht mehr studiert hat.   b ◯ Als er etwa 24 Jahre alt war.
c ◯ Vor 8 Wochen.

3 Wann hat der Mann Japanisch gelernt?
a ◯ Vor vier Jahren in Tokio.   b ◯ Als er nur japanische Kollegen hatte.
c ◯ Als er in Japan gearbeitet hat.

4 Wann hat der Mann seine Frau kennengelernt?
a ◯ Als er studiert hat.   b ◯ Vor drei Jahren.   c ◯ Als er noch eine Freundin hatte.

5 Wann gehen die beiden in den Zoo?
a ◯ Wenn Ferien sind.   b ◯ Wenn Zeit ist.   c ◯ Wenn das Wetter gut ist.

_____ / 8 PUNKTE

2 **Lesen Sie die Texte zweimal. Welche Tipps passen zu welchem Lerntyp? Ordnen Sie zu und kreuzen Sie an: richtig oder falsch.**

LESEN

auditiver | kommunikativer | haptischer | visueller

Tipps für jeden Lerntyp

1 Wenn Sie ein _____
Lerntyp sind, sollten Sie im Unterricht
möglichst viel mitschreiben! Es hilft Ihnen
sicher beim Lernen, wenn Sie Mind-Maps
malen. Nutzen Sie auch Vokabelkärtchen
oder basteln Sie Poster und hängen Sie sie
auf – zum Beispiel in der Küche oder im Bad.

2 Wenn Sie ein _____
Lerntyp sind, sollten Sie die Texte immer
laut lesen. Sie können auch mit sich selbst
sprechen oder die Wörter und Sätze singen.
Es kann Ihnen auch helfen, wenn Sie die
Sätze aufnehmen und dann anhören.
Wichtig ist es auch, dass es beim Lernen
nicht laut ist. Sie brauchen Ruhe oder
schöne, ruhige Musik.

3 Wenn Sie ein _____
Lerntyp sind, hilft es Ihnen, wenn Sie etwas
mit den Händen machen können. Vielleicht
sind Scrabble-Karten für Sie gut. Spielen hilft
Ihnen. Und bewegen Sie sich beim Lernen! Sie
können herumlaufen oder die Hände und Arme
bewegen. Vielleicht hilft es Ihnen auch, wenn
Sie einen Ball in der Hand haben.

4 Wenn Sie ein _____
Lerntyp sind, lernen sie am besten durch
Diskussionen und Gespräche. Sie stellen
gern Fragen und suchen gern Antworten.
Lernen Sie, wenn es möglich ist, nicht allein!
Laden Sie Menschen ein und machen Sie
Rollenspiele.

	richtig	falsch
a Wenn Sie gut mit Mind-Maps lernen, können Ihnen auch Vokabelkärtchen helfen.	⊗	◯
b Hängen Sie gebastelte Poster am besten in die Küche oder ins Bad.	◯	◯
c Wenn Ihnen Musik beim Lernen hilft, dann machen Sie sie am besten laut.	◯	◯
d Wenn Sie beim Lernen gern laufen, dann bewegen Sie die Hände besser nicht.	◯	◯
e Wenn Sie gern diskutieren, dann lernen Sie lieber zusammen mit anderen.	◯	◯

_____ / 8 PUNKTE

SCHREIBEN

3 **Lesen Sie die Forumseinträge und schreiben Sie die Antworten.**

vielleicht leichter / wenn Bilder zeichnen | einen Kurs an der Volkshochschule machen /
viele nette Lehrer | ein haptischer Lerntyp / wichtig für dich: Sätze aufschreiben, dich
bewegen | ~~einen Sprachkurs auf Mallorca machen / Urlaub und Lernen verbinden können~~ |
am besten lernen / verliebt sein

Fremdsprachen lernen

1 Ich möchte Spanisch lernen. Was würdet ihr mir empfehlen?
   Wenn du einen Sprachkurs auf Mallorca machst, kann du Urlaub und Lernen verbinden.

2 Ich kann mir neue Wörter nicht gut merken. Was soll ich tun?
   _____

3 Ich arbeite gern mit den Händen. Sprachen zu lernen finde ich schwer.
   Habt Ihr einen Tipp für mich?
   _____
   _____

4 Wo kann ich hier in Braunschweig Chinesisch lernen?
   _____

5 Ich spreche gern, aber ich hasse Grammatik.
   Wie kann ich eine Fremdsprache am besten lernen?
   _____

_____ / 8 PUNKTE

SPRECHEN

4 **Ordnen Sie zu.**

am allerwichtigsten | hilft mir nicht | ~~muss ich immer~~ |
nur einen Weg | gar nicht so wichtig | überhaupt nicht

■ Wenn ich eine Sprache lernen will, *muss ich immer* (a)
sprechen. Das ist für mich _____ (b).
Ich bin ein kommunikativer Lerntyp. Die Grammatik ist
für mich _____ (c). Wie ist das bei dir?

▲ Ich glaube, für mich gibt es nicht _____ (d).
Musik _____ (e) und ich will mich auch
_____ (f) bewegen. Aber ich kann prima
mit Bildern und Farben lernen und Grammatikregeln gut verstehen.

☺	☺	☹
23 – 28 Punkte	17 – 22 Punkte	0 – 16 Punkte

_____ / 4 PUNKTE

_____ / 28 PUNKTE

Menschen A2, Testtrainer 978-3-19-031902-2 © Hueber Verlag; Kopiervorlage

TEST 1 – Wörter und Strukturen

Name: _____

1 Ordnen Sie zu.

WÖRTER

Absender | Briefumschlag | Gebrauchsanweisung | ~~Päckchen~~ |
Projekt | Schalter | Unterschrift

a ▲ Ich habe ein _Päckchen_ für meine Cousine gepackt.
   Ich gehe gleich noch zur Post.
   ● Aber du weißt, dass der _____
     nur bis 18 Uhr geöffnet ist, oder?
b ▲ Können Sie bitte hier unterschreiben?
   ● Warum brauchen Sie meine _____?
c ▲ Auf dem _____ steht nichts.
     Kein Empfänger!
   ● Wie? Auch kein _____?
d ▲ Wir machen in der Schule ein _____.
     Darf ich deinen Fotoapparat benutzen?
   ● Klar, brauchst du die _____?
     Oder weißt du, wie er funktioniert?

_____ / 6 PUNKTE

2 Was ist das Gegenteil? Ordnen Sie zu.

WÖRTER

a verschieden sein   arm sein
b an etwas denken   etwas nicht benutzen
c viel Geld haben   etwas vergessen
d etwas gebrauchen   ähnlich sein

_____ / 3 PUNKTE

3 Was ist richtig? Kreuzen Sie an.

STRUKTUREN

a Die Pakete werden zur Post   ⊗ gebracht.   ○ bringt.
b Der Absender wird auf den Briefumschlag   ○ geschrieben.   ○ schrieben.
c Die richtige Antwort wird   ○ ankreuzen.   ○ angekreuzt.
d Die Endungen werden   ○ ergänzt.   ○ ergänzen.
e Die Creme wird dringend   ○ braucht.   ○ gebraucht.

_____ / 4 PUNKTE

4 Was wird vor dem Geburtstag gemacht? Schreiben Sie Sätze im Passiv.

STRUKTUREN

a Der Kuchen – backen   _Der Kuchen wird gebacken._
b Die Geschenke – einpacken   _____
c Die Karte – unterschreiben   _____
d Die Gäste – einladen   _____
e Die Getränke – kaufen   _____
f Die Suppe – kochen   _____

☺	😐	☹
19 – 23 Punkte	14 – 18 Punkte	0 – 13 Punkte

_____ / 10 PUNKTE

_____ / 23 PUNKTE

Menschen A2, Testtrainer 978-3-19-031902-2 © Hueber Verlag; Kopiervorlage

TEST 2 – Hören, Lesen, Schreiben, Sprechen

Name: _____

▶ 33

1 **Was ist richtig? Kreuzen Sie an. Hören Sie den Text zweimal.**

HÖREN

1 Claudia hatte Geburtstag.   ⊗
2 Sie hat ein Päckchen mit einer Karte und Geschenken bekommen.   ○
3 Sie hat auf das Päckchen gewartet.   ○
4 Im Päckchen waren eine CD und eine Eintrittskarte für den Zoo.   ○
5 Sie kennt den Zoo schon.   ○
6 Sie lädt Sonja und Michael zur nächsten Geburtstagsparty ein.   ○   _____ / 10 PUNKTE

2 **Lesen Sie den Artikel und die Aufgaben 1 bis 6. Kreuzen Sie an: a, b oder c.**

LESEN

Pakete für Flüchtlinge*

RAMERSDORF
Vier Mädchen aus dem Adelheidis-Gymnasium zeigen großes Engagement für Flüchtlinge aus der ganzen Welt. Laura (17), Nicola (18), Marie (17) und Sara (16) haben viele Pakete gepackt. In jedem Paket sind ein Heft, eine Tube Zahnpasta, ein Handtuch, ein Spiel und ganz viele Informationen über das Leben in Ramersdorf. Am 3. Juli haben die vier Schülerinnen die Pakete zusammen mit ihrer Englischlehrerin Simone Günther zum Asylbewerberheim gebracht und dort mit 55 Flüchtlingen bei Kaffee, Kakao und Kuchen zusammengesessen. „Wir wollen einfach helfen", sagt Laura. „Die Menschen sollen sich in Ramersdorf wohlfühlen. Sie sollen wissen, dass sie hier willkommen sind." Die Schülerinnen überlegen schon lange, was sie noch tun können. „Wir waren schon oft hier und haben mit den Flüchtlingen geredet", ergänzt Sara. „Sie erzählen viele traurige Geschichten. Und sie sind sehr mutig. Es ist nicht einfach, wenn man in einem fremden Land neu anfangen muss."
Die Freundinnen wollen auch in Zukunft helfen. Sie organisieren gerade einen Deutschkurs für die Erwachsenen. „Es ist wichtig, dass die Menschen hier schnell Deutsch lernen", sagt Laura. „Wichtig ist aber auch, dass sie Leute kennenlernen. Wir wollen ihnen zeigen, wo sie Hilfe bekommen können." Auch an die Kinder denken die vier Freundinnen. Sie planen Spielenachmittage für die Kleinen. „Wer Lust hat zu helfen, ist herzlich willkommen. Wir möchten noch viel mehr Hilfe anbieten!"

* der Flüchtling: ein Mensch, der seine Heimat verlassen muss und in ein anderes Land geht

1 Im Heim in Ramersdorf leben   a ○ 100   b ○ 4   c ⊗ 55   Menschen.
2 Laura, Nicola, Marie und Sara sind   a ○ Flüchtlinge.   b ○ Schülerinnen.
  c ○ Lehrerinnen.
3 Die Mädchen haben   a ○ Pakete gepackt.   b ○ Deutsch unterrichtet.
  c ○ Geschichten erzählt.
4 In den Paketen sind   a ○ Saft und Kuchen.   b ○ Kaffee und Tee.
  c ○ Hefte und Spiele.
5 Die Mädchen organisieren auch   a ○ den Transport nach Ramersdorf.
  b ○ einen Deutschkurs.   c ○ Reisen.
6 Die Spielenachmittage sind für die   a ○ Kinder.   b ○ Erwachsenen.
  c ○ vier Schülerinnen.   _____ / 5 PUNKTE

Menschen A2, Testtrainer 978-3-19-031902-2 © Hueber Verlag; Kopiervorlage

TEST 2 – Hören, Lesen, Schreiben, Sprechen

SCHREIBEN

3 **Sie haben Glückwünsche und ein Paket mit Geschenken zum Geburtstag bekommen. Schreiben Sie eine E-Mail und bedanken Sie sich.**

danke / Eure Glückwünsche | schön / an mich gedacht | gefreut über tolle Geschenke |
Buch super | sofort gelesen | Kinokarten / tolle Idee | Kino lieben |
mich freuen auf Kinoabend mit Euch | Grüße

Liebe Susanne und lieber Daniel,

_____

_____

_____

_____

_____

_____

_____

_____ / 9 PUNKTE

SPRECHEN

4 **Ergänzen Sie die Gespräche.**

a ▲ <u>Vielen Dank</u> für das tolle Geschenk.
  Ich habe m _ _ _ s _ _ _ _
  g _ _ _ _ _ _ _.
 ● Ich b _ _ _ f _ _ _ _, dass es dir gefällt.

b ▲ Schön, dass du gestern a _ m _ _ _ _
  g _ _ _ _ _ _ _ hast!
 ● Klar! Gern geschehen!

c ▲ Ich f _ _ _ _ _ m _ _ _ s _ _ _
  auf das Konzert mit dir.
 ● Ja, das ist wirklich eine t _ _ _ _ _
  I _ _ _ _. Ich mag Jazz
  b _ _ _ _ _ _ _ _ _ _ g _ _ _.

d ▲ Oh, das ist su _ _ _ _.
  Ich l _ _ _ _ _ Blumen. Danke!
 ● Sehr gern!

☺	☺	☹
26 – 32 Punkte	19 – 25 Punkte	0 – 18 Punkte

_____ / 8 PUNKTE

_____ / 32 PUNKTE

Menschen A2, Testtrainer 978-3-19-031902-2 © Hueber Verlag; © fotolia/Minerva Studio

15

TEST 1 – Wörter und Strukturen

Name: _____

1 Finden Sie Wörter und ordnen Sie zu.

WÖRTER

| che | er | fent | fil | ~~fol~~ | funk | ~~gen~~ | kri | li | me | mis | öf | rund | schau | spiel | zu |

a Serien sind Sendungen mit vielen *Folgen*.
b Es gibt in Deutschland private und _____ Fernsehsender.
c Der *Tatort* hat jeden Sonntag Millionen _____
   in Deutschland, Österreich und der Schweiz.
d Es gibt heute kaum noch _____ auf Video,
   sondern nur noch auf DVD und Blu-ray.
e _____ sind spannende Filme, oft mit Kommissaren.
f Radio und Fernsehen zusammen nennt man _____.

_____ / 5 PUNKTE

2 Was ist richtig? Kreuzen Sie an.

WÖRTER

a Den Krimi kann man noch sieben Tage lang
   in der Mediathek ⊗ sehen.   ○ produzieren.
b Der Kommissar beobachtet die
   ○ Programm.   ○ Gegend.
c Der *Tatort* läuft auf einem
   ○ knappen   ○ öffentlichen   Sender.
d Der Kommissar trägt heute keine Jeans,
   sondern einen ○ Anzug.   ○ Topf.

_____ / 3 PUNKTE

3 Schreiben Sie Sätze.

STRUKTUREN

a meiner Oma – schenken – ein Parfüm   *Ich schenke meiner Oma ein Parfüm.*
b erzählen – einen Witz – deinem Freund   *Du* _____
c die Stadt – zeigen – unserer Tante   *Wir* _____
d der Lehrerin – empfehlen – einen Krimi   *Ich* _____
e euren Eltern – eine Karte – schreiben   *Ihr* _____
f leihen – eine DVD – deinem Kollegen   *Du* _____

_____ / 5 PUNKTE

4 Ergänzen Sie die Pronomen.

STRUKTUREN

a ▲ Wo ist denn das Fernsehprogramm? ● Warte, ich hole *es dir*.
b ▲ Wo stehen bei euch die Töpfe? ● Moment, ich zeige _____ _____.
c ▲ Hast du deiner Cousine ein Paket gepackt?
   ● Ja, ich habe _____ _____ gestern geschickt.
d ▲ Gefällt dir die Gaststätte? ● Nein, ich kann _____ _____ nicht empfehlen.
e ▲ Kannst du mir den Film leihen? ● Ja, ich gebe _____ _____ heute Abend.

_____ / 8 PUNKTE

☺	☻	☹
17 – 21 Punkte	13 – 16 Punkte	0 – 12 Punkte

_____ / 21 PUNKTE

Lektion 15   46 | sechsundvierzig

Menschen A2, Testtrainer 978-3-19-031902-2 © Hueber Verlag; © fotolia/grafikplusfoto

TEST 2 – Hören, Lesen, Schreiben, Sprechen

Name: _____

Menschen A2, Testtrainer 978-3-19-031902-2 © Hueber Verlag; Kopiervorlage

▶ 34–38 **1** **Was ist richtig? Kreuzen Sie an. Hören Sie die Gespräche einmal.**

HÖREN

1 Was sieht die Frau gern im Fernsehen?
a ◯ Den *Tatort*. b ◯ Nachrichten. c ⊗ Filme von Rosamunde Pilcher.
2 Was sieht der Mann gern im Fernsehen?
a ◯ Krimis. b ◯ Sport. c ◯ Serien.
3 Wie oft guckt der Mann den *Tatort*?
a ◯ Jede Woche. b ◯ Einmal pro Monat. c ◯ Wenn er Zeit hat.
4 Was isst der Mann beim Fernsehen?
a ◯ Chips. b ◯ Brot. c ◯ Schokolade.
5 Was guckt der Mann am liebsten im Fernsehen?
a ◯ Das Sportstudio. b ◯ Die Tagesschau. c ◯ Wer wird Millionär? _____ / 8 PUNKTE

2 **Lesen Sie die Forumsbeiträge. Wer schreibt was?**
Kreuzen Sie an: Karin, Hannes oder Simone.

LESEN

Tatort-Fans

Hans: Habt ihr den Köln-*Tatort* gestern gesehen? Ich hatte leider keine Zeit.
War er gut? Soll ich ihn heute in der Mediathek ansehen?

Karin: Eigentlich nicht so richtig. Die Geschichte war zwar spannend, aber sehr seltsam und kompliziert. Ich habe bis zum Ende nicht alles richtig verstanden. Die Atmosphäre war sehr dunkel und traurig. Das war anstrengend. Die Dialoge haben mir auch nicht so gut gefallen. In der letzten Woche – beim *Tatort* aus Münster – waren sie besser und lustiger.

Hannes: Also, mir hat der neue *Tatort* richtig gut gefallen. Die Geschichte war interessant und spannend. Das Ende hat mich überrascht. Das war klasse! Und ich mag die Kommissare Schenk und Ballauf einfach besonders gern. Die Schauspieler sind toll. @ Karin: Sorry, aber die Dialoge im Münster-*Tatort* gefallen mir überhaupt nicht. Und in der letzten Woche waren sie doch echt verrückt!

Simone: War der *Tatort* gut? Ich weiß nicht. Ich bin zwar Fan vom Kölner *Tatort*, aber diese Woche war die Geschichte total langweilig. Das war fast schon ärgerlich. Gut, dass Freunde zu Besuch waren und wir Bier und Chips da hatten. Ballauf und Schenk waren auch schon mal lustiger. Ich glaube, ich habe nur einmal gelacht. Ich freue mich auf die nächste Woche. Da kommt der *Tatort* wieder aus Kiel. Borowski ist einfach der beste Kommissar!

	Karin	Hannes	Simone
1 … sagt, dass der Kölner *Tatort* gut war.	◯	⊗	◯
2 … sagt, dass die Stimmung sehr negativ war.	◯	◯	◯
3 … findet die Kommissare Schenk und Ballauf sehr gut.	◯	◯	◯
4 … sagt, dass die Geschichte nicht interessant war.	◯	◯	◯
5 … sagt, dass die Geschichte nicht einfach war.	◯	◯	◯
6 … mag den *Tatort* aus Köln.	◯	◯	◯
7 … gefallen die Dialoge im *Tatort* aus Münster.	◯	◯	◯
8 … sagt, dass das Ende eine Überraschung war.	◯	◯	◯
9 … hat die Geschichte geärgert.	◯	◯	◯

_____ / 8 PUNKTE

SCHREIBEN

3 Schreiben Sie zwei Einträge für das Forum „*Tatort*-Fans".
Verwenden Sie die Vorgaben und schreiben Sie zuerst
einen negativen Eintrag, dann einen positiven.

~~Tatort am Sonntag: nicht so gut~~ | Geschichte: nicht sehr spannend | Ende schon am Anfang
klar | Schauspieler: unsympathisch, spielen schlecht | Dialoge: langsam und langweilig

Ich finde, der Tatort am Sonntag war nicht so gut.
_____
_____
_____

/ 5 Punkte

Ich finde, der Tatort am Sonntag war sehr gut.
_____
_____
_____

/ 5 Punkte

SPRECHEN

4 **Ordnen Sie zu.**

a Ich sehe am liebsten   Toast Hawaii und Bier.
b Ich lade dann oft   aber für ihn ist das keine feste Gewohnheit.
c Dazu gibt es bei uns meistens   gucke ich den *Tatort* später in der Mediathek.
d Manchmal gucke ich die Sendung auch   den *Tatort*.
e Wenn ich am Sonntag keine Zeit habe,   ein paar Freunde ein.
f Mein Mann sieht die Sendung auch oft,   allein zu Hause.

☺	☺	☹
25 – 31 Punkte	19 – 24 Punkte	0 – 18 Punkte

_____ / 5 Punkte

_____ / 31 Punkte

Menschen A2, Testtrainer 978-3-19-031902-2 © Hueber Verlag; Kopiervorlage

TEST 1 – Wörter und Strukturen

Name: _____

1 Was passt zusammen? Ordnen Sie zu.

WÖRTER

a der Frühstücks ——— zimmer
b das Einzel   platz
c die Empfangs ——— raum
d der Park   pension
e die Voll   halle

_____ / 4 Punkte

2 Ergänzen Sie.

WÖRTER

a Wir haben 4 Einzel- und 16 D o p p e l z i m m e r.
  Alle unsere Zimmer sind N _ _ _ _ _ _ _ _ _ _ _ z _ _ _ _ _.
b Wenn Sie Sport machen möchten, können Sie das Schwimmbad
  und den F _ _ _ _ _ _ _ _ _ _ benutzen.
c Gegenüber von der Rezeption finden Sie einen kleinen K _ _ _ _.
  Hier können Sie Postkarten kaufen.
d Wir wünschen Ihnen einen a _ _ _ _ _ _ _ _ _ Aufenthalt.

_____ / 4 Punkte

3 Schreiben Sie indirekte Fragen.

STRUKTUREN

a Haben Sie noch ein Doppelzimmer frei?
  Können Sie mir sagen, ob Sie noch ein Doppelzimmer frei haben?
b Wie viel kostet ein Zimmer mit Halbpension?
  Darf ich fragen, _____?
c Muss man im Restaurant einen Tisch reservieren?
  Ich würde gern wissen, _____.
d Wo ist der Konferenzraum?
  Können Sie mir erklären, _____?
e Hat der Kiosk noch geöffnet?
  Wissen Sie vielleicht, _____?

_____ / 8 Punkte

4 Ergänzen Sie. (Nicht alles passt.)

STRUKTUREN

am ... vorbei | an der ... vorbei | durch den | durch die | ~~gegenüber vom~~ | gegenüber von der

● Wo finde ich den Fitnessraum?
▲ Der Fitnessraum ist *gegenüber vom* (a) Schwimmbad. Gehen Sie _____ (b)
  Frühstücksraum, _____ Rezeption _____ (c) und dann
  _____ (d) Glastür links.

☺	☺	☹
15–19 Punkte	11–14 Punkte	0–10 Punkte

_____ / 3 Punkte

_____ / 19 Punkte

Menschen A2, Testtrainer 978-3-19-031902-2 © Hueber Verlag; Kopiervorlage

TEST 2 – Hören, Lesen, Schreiben, Sprechen

Name: _____

▶ 39–40 **1** **Was ist richtig? Kreuzen Sie an: a, b oder c. Hören Sie die Gespräche zweimal.**

HÖREN

Gespräch 1

1 Wie heißt das Hotel?
   a ○ Sabine Meyer.   b ○ Hotel Gruber.   c ⊗ Fischer am See.

2 Die Frau sucht ...
   a ○ ein Einzelzimmer.   b ○ zwei Einzelzimmer.   c ○ ein Doppelzimmer.

Gespräch 2

3 Das Zimmer kostet ...
   a ○ 45 Euro ohne Frühstück.   b ○ 54 Euro mit Frühstück.
   c ○ 450 Euro für eine Nacht.

4 Wo ruft Simon Walter an?
   a ○ Auf einem Markt.   b ○ In einem Café.   c ○ In einem Fitnessstudio.

5 Wann kann man am Samstag trainieren?
   a ○ Von 17 bis 23 Uhr.   b ○ Von 7 bis 23 Uhr.   c ○ Von 8.30 bis 20 Uhr.

6 Bis wann kann man dort frühstücken?
   a ○ Bis 16 Uhr.   b ○ Bis 10 Uhr.   c ○ Bis 8 Uhr.

_____ / 5 PUNKTE

2 **Lesen Sie die Anzeigen und die Aufgaben 1 bis 6. Welche Anzeige passt zu welcher Situation? Für eine Aufgabe gibt es keine Lösung. Schreiben Sie hier den Buchstaben X.**

LESEN

a Urlaub am Meer! Doppelzimmer mit Frühstück ab 65 Euro. Fast alle Zimmer mit Balkon und Meerblick. www.hotel-florion.de

d Ferienhaus an der Nordsee. Ideal für Familien mit Kindern. 3 Schlafzimmer, großer Garten. www.nordsee-glueck.de

b Zimmer frei! Helle, große Doppelzimmer mit Balkon. 10 Minuten zum Skilift. www.ski-genuss.ch

e Familienfreundliches Hotel in den Bergen. Reservieren Sie jetzt schon ein Zimmer für Ihren Sommerurlaub. www.berge-im-sommer.de

c Ferienwohnung in Österreich für 4 bis 6 Personen. Direkt am See. Ab 450 Euro pro Woche. Kontakt: ingo@hoersch.de

Anzeige

1 Doris will mit ihren drei Kindern in den Sommerferien in die Berge.   _____e_____

2 Natalie plant einen Urlaub mit vier Freunden. Alle schwimmen gern.   _____

3 Florian möchte im Winter in der Schweiz Snowboard fahren.   _____

4 Hannes will mit dem Fahrrad eine Städtetour durch Österreich machen.   _____

5 Sophia und Martin suchen ein Hotel am Meer. Sie brauchen keine Vollpension.   _____

6 Anna und Jürgen möchten mit ihren Kindern am Meer Urlaub machen, aber nicht im Hotel wohnen.   _____

_____ / 5 PUNKTE

Menschen A2, Testtrainer 978-3-19-031902-2 © Hueber Verlag; Kopiervorlage

TEST 2 – Hören, Lesen, Schreiben, Sprechen

SCHREIBEN

3 **Ein Zimmer in einem Hotel reservieren. Schreiben Sie eine E-Mail.**

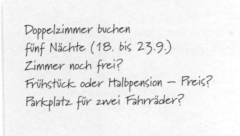

Doppelzimmer buchen
fünf Nächte (18. bis 23.9.)
Zimmer noch frei?
Frühstück oder Halbpension – Preis?
Parkplatz für zwei Fahrräder?

Betreff: Zimmer frei?

Sehr geehrte Damen und Herren,

ich möchte ein Doppelzimmer für _____

_____

_____

_____

Viele Grüße

_____

_____ / 8 PUNKTE

SPRECHEN

4 **Schreiben Sie zwei Gespräche.**

Am besten gehen Sie am Bahnhof vorbei und dann links. | Das Museum ist Dienstag
bis Sonntag von 9 bis 18 Uhr geöffnet. | ~~Haben Sie noch ein Zimmer frei?~~ | Ich brauche ein
Einzelzimmer für eine Nacht. | Ich möchte gern wissen, wann das Kunstmuseum geöffnet
hat. | Vielen Dank. Können Sie mir sagen, wie ich zum Museum komme? |
Möchten Sie ein Einzel- oder ein Doppelzimmer?

a ▲ Haben Sie noch ein Zimmer frei?

  ● _____

  ▲ _____

b ■ _____

  ● _____

  ■ _____

  ● _____

☺	☻	☹	_____ / 6 PUNKTE
19 – 24 Punkte	14 – 18 Punkte	0 – 13 Punkte	_____ / 24 PUNKTE

Menschen A2, Testtrainer 978-3-19-031902-2 © Hueber Verlag; Kopiervorlage

TEST 1 – Wörter und Strukturen

Name: _____

WÖRTER

1 Was passt nicht? Streichen Sie das falsche Wort durch.

a das Meer – der Strand – die Küste – ~~die Region~~
b der Berg – der Zufall – das Gebirge – der Wald
c das Auto – das Kraftfahrzeug – die Kassette – der Lkw
d die Ankunft – die Straße – die Autobahn – der Weg

_____ / 3 PUNKTE

WÖRTER

2 Finden Sie Wörter und ordnen Sie zu.

| ~~fäh~~ | fen | gren | le | mo | ne | pan | ~~re~~ | rei | stel | tank | tor | ze |

a Wir überqueren den Fluss mit einer *Fähre* und fahren dann über die
_____ nach Frankreich.
b Wir müssen unbedingt an der nächsten _____ anhalten und tanken.
c Dein Auto macht wirklich komische Geräusche. Ich glaube, der _____ ist kaputt.
d Unser Auto hatte im letzten Urlaub eine _____ auf der Autobahn.
e Hast du schon einmal bei deinem Auto einen _____ gewechselt?

_____ / 5 PUNKTE

STRUKTUREN

3 Was ist richtig? Kreuzen Sie an.

a Ich fahre im Urlaub oft ⊗ ans ○ am Meer.
b Ich bin gern ○ an die ○ an der Küste.
c Ich liege dann den ganzen Tag ○ an den ○ am Strand.
d Mein Bruder fährt lieber ○ in die ○ im Berge.
e Er geht auch gern ○ im ○ in den Wald spazieren.
f Darum fährt er im Urlaub immer ○ nach ○ in Österreich.

_____ / 5 PUNKTE

STRUKTUREN

4 Ergänzen Sie die Präpositionen und Artikel, wenn nötig.

▲ Ich war vor zwei Wochen *in der* (a) Schweiz.
● Warst du _____ (b) Bergen? Bist du gewandert?
▲ Nein, ich war _____ (c) Vierwaldstättersee und habe einen Segelkurs gemacht. Und du?
● Ich bin gern _____ (d) Meer. Wir fahren jedes Jahr _____ (e) Küste.
Dieses Jahr waren wir _____ (f) Italien.
▲ Hast du schon mal Urlaub _____ (g) Insel gemacht?
● Ja, auf Rügen. Dort war es toll!

_____ / 6 PUNKTE

☺	😐	☹
15 – 19 Punkte	11 – 14 Punkte	0 – 10 Punkte

_____ / 19 PUNKTE

Menschen A2, Testtrainer 978-3-19-031902-2 © Hueber Verlag; © fotolia/Beelix

TEST 2 – Hören, Lesen, Schreiben, Sprechen

Name: _____

Menschen A2, Testtrainer 978-3-19-031902-2 © Hueber Verlag; Kopiervorlage

▶ 41–42 **1** **Welche Nachricht passt zu welcher Aussage? Ordnen Sie zu: 1 oder 2. Hören Sie die Nachrichten zweimal.**

HÖREN

Nachricht

a Die Frau hatte eine Panne auf der Autobahn.   1
b Die Frau hatte Pech mit der Fähre.   _____
c Die Frau hat keine Tankstelle gefunden.   _____
d Die Frau hat Urlaub auf einer Insel gemacht.   _____
e Die Frau hat die richtige Autobahn ohne Probleme gefunden.   _____
f Die Frau hat den Reifen gewechselt.   _____ / 5 PUNKTE

2 **Lesen Sie das Reisetagebuch und die Aufgaben 1 bis 6. Kreuzen Sie an: richtig oder falsch.**

LESEN

Andrea und Hartmut sind unterwegs: Unser Wanderurlaub in Südtirol

7. Juli, 17.40 Uhr
Andrea: Hallo, Ihr Lieben! Jetzt sind wir schon drei Tage in den Bergen. Ich hatte noch keine Zeit zum Schreiben. Alles ist so spannend und abends bin ich einfach müde … ☺
Es ist toll hier. Wir sind den ganzen Tag in der Natur. Das habe ich mir soooo lange gewünscht. Morgens wecken uns die Vögel und abends schauen wir den Sonnenuntergang an.
Es ist ein Traum, wenn die Sonne hinter den Bergen verschwindet. Wir wandern jeden Tag vier bis sechs Stunden. Das ist nicht so viel. Richtige Wanderfans sind natürlich den ganzen Tag unterwegs. Aber wir haben ja Zeit. Vier Wochen Urlaub!!! Ist das nicht schön? ☺

9. Juli, 20.13 Uhr
Andrea: Puh, bin ich müde. Unser Tag war toll, aber ziemlich anstrengend. Wir sind heute 1000 Meter hoch gewandert. Das war nicht so leicht für mich. Meine Füße tun weh und ein rechtes Knie ist ein bisschen dick. Ich glaube, wir machen morgen einen Tag Pause. ☺

9. Juli, 20.20 Uhr
Hartmut: Nicht zu glauben! Ich trage das ganze Gepäck (der Rucksack wiegt 12 Kilo) und meine Frau ist müde. ☺

9. Juli, 20.25 Uhr
Andrea: Wie bitte?! Ich frage mich wirklich, warum du das der ganzen Welt erzählen musst … ♡

         richtig   falsch
1 Andrea und Hartmut sind verheiratet.   Ⓧ   ○
2 Sie machen sechs Wochen Ferien.   ○   ○
3 Sie wandern in Südtirol.   ○   ○
4 Sie wandern jeden Tag einen Kilometer.   ○   ○
5 Andrea gefällt es in der Natur.   ○   ○
6 Sie ist den ganzen Tag müde.   ○   ○   / 10 PUNKTE

SCHREIBEN

3 **Ihr Urlaub. Schreiben Sie einen Eintrag für das Forum.**

~~letzten Juli~~ | ~~3 Wochen~~ | ~~Griechenland~~ |
beste Freundin / bester Freund |
Insel Korfu | Auto nach Venedig |
Fähre nach Korfu | Wetter ☺ |
Strand und wandern | Zimmer mit Frühstück |
Essen ☺ | viel Fisch und Salat

Mein Urlaub!

Letzten Juli war ich 3 Wochen in Griechenland. _____

_____

_____

_____

_____

_____

_____

_____ / 5 PUNKTE

SPRECHEN

4 **Ordnen Sie zu.**

Das macht sicher Spaß. | Das war bestimmt anstrengend. | ~~Ist das nicht total spannend?~~ |
So ein Zufall! | So ein Pech!

a ▲ Mein Mann will mit dem Motorrad in die Wüste fahren. Aber ich habe keine Lust.
  ● Warum? _Ist das nicht total spannend?_
b ▲ Wir machen im Urlaub einen Kitesurfkurs.
  ● Oh, super. _____
c ▲ Weißt du was? Wir haben im Urlaub meine Deutschlehrerin getroffen.
  ● Oh! _____
d ▲ Wir hatten im Urlaub eine Panne. Unser Auto ist jetzt kaputt!
  ● _____
e ▲ Wir sind gestern sieben Stunden in den Bergen gewandert.
  ● Sieben Stunden? _____

☺	☺	☹
19 – 24 Punkte	14 – 18 Punkte	0 – 13 Punkte

_____ / 4 PUNKTE

_____ / 24 PUNKTE

Menschen A2, Testtrainer 978-3-19-031902-2 © Hueber Verlag; Kopiervorlage

TEST 1 – Wörter und Strukturen

Name: _____

1 Wie heißen die Nomen? Ergänzen Sie.

WÖRTER

a windig – _der Wind_   d heiß – _____

b kalt – _____   e eisig – _____

c trocken – _____   f warm – _____

_____ / 5 PUNKTE

2 Ordnen Sie zu. (Nicht alle Wörter passen.)

WÖRTER

| Gebiet | Gegenteil | Hauptstadt | ~~Jahreszeit~~ | Kontinent | Temperatur | Tropfen |

a 30 Grad im Frühling? Es ist viel zu heiß für diese _Jahreszeit_.

b Alles ist trocken im Garten. Wir hatten seit Wochen keinen _____ Regen.

c Wien ist die _____ von Österreich, oder?

d Ich finde, es ist nicht zu heiß. Im _____!
Ich finde, es ist angenehm kühl.

_____ / 3 PUNKTE

3 Ergänzen Sie die Präpositionen und die Endungen.

STRUKTUREN

a ▲ Mensch, ist das kalt heute! Ich habe Lust _auf_ eine_n_ heißen Kakao.
   ● Und ich träume _____ ein____ Urlaub in der Wärme.

b ▲ Sprecht ihr oft _____ dein____ Chef?
   ● Ja. Denn meine Kollegen ärgern sich oft _____ ihn.

c ▲ Sag mal, interessierst du dich vielleicht _____ mein____ Nachbarin?
   ● Nein, warum? Ich spreche einfach gern _____ ihr.

d ▲ In drei Wochen fährst du nach Spanien. Freust du dich _____ dein____ Ferien?
   ● Klar! Warst du denn zufrieden _____ dein____ Urlaub in der Türkei?

_____ / 12 PUNKTE

4 Was ist richtig? Kreuzen Sie an.

STRUKTUREN

a ⊗ Worüber   ○ Wovon   ○ Wofür   freust du dich?

b ○ Worüber   ○ Wovon   ○ Wofür   träumst du nachts?

c ○ Wofür   ○ Worüber   ○ Worauf   hast du Lust?

d ○ Mit wem   ○ Auf wen   ○ Von wem   bist du nicht zufrieden?

e ○ Auf wen   ○ Über wen   ○ Für wen   interessierst du dich?

☺	😐	☹
19–24 Punkte	14–18 Punkte	0–13 Punkte

_____ / 4 PUNKTE

_____ / 24 PUNKTE

Menschen A2, Testtrainer 978-3-19-031902-2 © Hueber Verlag; © Thinkstock/Getty Images/Dynamic Graphics

TEST 2 – Hören, Lesen, Schreiben, Sprechen

Name: _____

▶ 43–48 **1** **Was ist richtig? Kreuzen Sie an. Hören Sie die Nachrichten zweimal.**

HÖREN

1 Im Norden regnet es am Abend. ⊗
2 Es ist stürmisch mit Temperaturen bis 20 Grad. ○
3 Im Westen regnet es nachmittags. ○
4 Morgens ist es im Osten sonnig. ○
5 Am Ende der Woche ist es kühler als jetzt. ○
6 Der Wind kommt aus Westen. ○

_____ / 10 PUNKTE

2 **Lesen Sie das Interview. Was ist richtig? Kreuzen Sie an: a, b oder c.**

LESEN

Das Sommerwetter – heute und früher

Der Sommer ist in diesem Jahr in Bayern extrem: erst die große Hitze mit Trockenheit, dann die Stürme und Gewitter. „Das war früher aber nicht so", hört man immer wieder. Stimmt das eigentlich? Wir haben den Klimaexperten Dr. Hanno Meyer von der Universität Bielefeld gefragt.

Herr Meyer, im Juli sind die Temperaturen in Bayern bis auf 40 Grad gestiegen. Ist das normal?

Meyer: Na ja, normalerweise haben wir im Juli Höchsttemperaturen um die 30 Grad. Vor drei Wochen waren die Temperaturen deutlich höher. Und es hatte lange nicht mehr geregnet. Das ist schon anders als in den letzten fünf Jahren, die relativ kühl waren.

Und was heißt das? Ist das ein gutes oder ein schlechtes Zeichen?

Meyer: Das kann man so nicht sagen. Wir beobachten das Wetter ja schon seit über 100 Jahren. Es gibt immer wieder Jahre mit großer Hitze und Trockenheit. Temperaturen über 40 Grad sind in Bayern zwar selten, aber auch nicht ganz ungewöhnlich.

Erwarten Sie denn jetzt für jeden Sommer solche Temperaturen? Dann würde ich über eine Klimaanlage für meine Wohnung nachdenken …

Meyer: Nein, das müssen Sie nicht. Es kann sein, dass die Sommer in den nächsten Jahrzehnten wärmer werden. Aber das geht sicher nicht so schnell.

Und was ist mit den Gewittern und Stürmen? Die waren in der letzten Woche ja auch stärker als sonst, oder?

Meyer: Ja, das ist richtig. Die Stürme hatten eine Geschwindigkeit, die nicht typisch ist für den Sommer. So stürmisch ist es sonst nur im Herbst.

1 Thema ist das Wetter   a ○ im Herbst.   b ⊗ im Sommer.   c ○ heute.
2 Hanno Meyer arbeitet   a ○ in Bayern.   b ○ an der Uni Bielefeld.
   c ○ in einem Geschäft für Klimaanlagen.
3 Im Juli waren die Temperaturen   a ○ tiefer als sonst.   b ○ wie sonst auch.
   c ○ höher als sonst.
4 Temperaturen von 40 Grad sind in Bayern   a ○ nicht sehr häufig.
   b ○ normal.   c ○ typisch für den Sommer.
5 Nach der Hitze und Trockenheit war es   a ○ windig.   b ○ stürmisch.
   c ○ kühl.
6 Im Herbst sind die Stürme normalerweise stärker als   a ○ im Sommer.
   b ○ früher.   c ○ sonst.

_____ / 5 PUNKTE

Menschen A2, Testtrainer 978-3-19-031902-2 © Hueber Verlag; © iStockphoto/nyul

TEST 2 – Hören, Lesen, Schreiben, Sprechen

3 **Wie ist das Wetter im Urlaub? Schreiben Sie die drei SMS zu Ende.**

A

Hier ist es toll. Nur das
Wetter ist nicht so gut.
_____
_____
_____

C

Der Urlaub ist super und
das Wetter ist prima.
_____
_____
_____

B

Unser Skiurlaub ist klasse.
Das Wetter ist auch okay.
_____
_____
_____

_____ / 6 PUNKTE

4 **Ergänzen Sie die Gespräche.**

a ▲ Wie ist das Wetter bei euch?
 ● Oh. Das Wetter ist super. E __ i ___ t ___ ___ ___
 und k _____. So mag ich den Winter!
 ▲ Ist das Wetter denn t ___ ___ ___ f ___ d ___
 J ___ ___ ___ z ___ ___ ?
 ● D ___ T ___ ___ ___ ___ ___ sind etwas
 niedriger a ___ s ___ ___ .
b ▲ W ___ i ___ das Wetter heute?
 ● E __ r ___ ___ . Du brauchst einen Schirm
 oder eine Jacke.
 ▲ N ___ ___ ___ w ___ ___ ist es doch
 aber im August trocken!
 ● Ja, s ___ ___ ist es im August trockener
 a ___ z ___ ___ ___ .

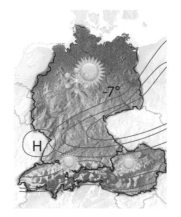

☺	☻	☹
23 – 28 Punkte	17 – 22 Punkte	0 – 16 Punkte

_____ / 7 PUNKTE

_____ / 28 PUNKTE

Menschen A2, Testtrainer 978-3-19-031902-2 © Hueber Verlag; Smartphone © fotolia/Timo Darco; Wetter Piktos © fotolia/Bastetamon; Thermometer © iStockphoto/Mervana; Karte © Digital Wisdom

SCHREIBEN

SPRECHEN

TEST 1 – Wörter und Strukturen

Name: _____

1 **Was ist richtig? Kreuzen Sie an.**

WÖRTER

a Paul möchte am Samstag etwas ⊗ unternehmen. ○ weggehen. ○ verpassen.
b Er fragt, ob wir zusammen ○ weggehen. ○ verlängern. ○ probieren.
c Mein Nachbar hat einen neuen Club ○ verlängert. ○ abgestimmt. ○ eröffnet.
d Peter sagt, dass es dort laut ist. Er hat sicher ○ recht. ○ positiv. ○ beliebt.
e Sara möchte die Picasso-Ausstellung nicht ○ lohnen. ○ verpassen. ○ versuchen.
f Das Museum hat die Ausstellung bis Ende Oktober
○ eröffnet. ○ unternommen. ○ verlängert.

_____ / 5 PUNKTE

2 **Schreiben Sie die Wörter richtig und ordnen Sie sie zu.**

WÖRTER

| ulPmibuk | tosseonkl | geausectzihne | apziSenagrg | eLebi | lgroselnVut |

a Ich habe ein Gedicht geschrieben. Das Thema ist natürlich _Liebe_.
b Wir gehen heute in den Zirkus „Krone".
Wann fängt die erste _____ an?
c Maja geht nur mittwochs in den neuen Club. Dann ist der Eintritt _____.
d Meine Mutter möchte am Sonntag einen langen _____ im Wald machen.
e Ich war gestern in einem klassischen Konzert. Das _____ hat „Buh" gerufen.
f Hat dir die Lesung auch so gut gefallen? Ich finde, sie war wirklich _____.

_____ / 5 PUNKTE

3 **Schreiben Sie die Antworten. Ergänzen Sie _aus_ und _von_ und den Artikel, wo nötig.**

STRUKTUREN

a ● Woher kommst du?   c ● Woher kommt ihr?
  ▲ _Vom_ Deutschkurs.   ▲ _____ Arzt.
b ● Woher kommt Sabine?   d ● Woher kommt Andreas?
  ▲ _____ Theater.   ▲ _____ Sauna.

_____ / 3 PUNKTE

4 **Ergänzen Sie die Präpositionen _aus, bei, in, von_ oder _zu_ und den Artikel, wo nötig.**

STRUKTUREN

a ● Warum kommst du so spät _aus der_ (1) Schule?
  ▲ Ich war noch _____ (2) Philipp. Wir haben zusammen Mathe gelernt.
b ● Gehen wir morgen zusammen _____ (3) Sport?
  ▲ Ich habe keine Zeit. Ich gehe morgen _____ (4) Kino.
c ● Ich habe keinen Hunger. Ich komme gerade erst _____ (5) Essen.
  ▲ Gut. Ich war _____ (6) Christiane. Sie hat einen Salat gemacht.
d ● Ich treffe Lea morgen um 14 Uhr _____ (7) Café Burger. Kommst du auch?
  ▲ Nein, ich muss morgen Nachmittag _____ (8) Arzt.

☺	😐	☹
16 – 20 Punkte	12 – 15 Punkte	0 – 11 Punkte

_____ / 7 PUNKTE

_____ / 20 PUNKTE

Menschen A2, Testtrainer 978-3-19-031902-2 © Hueber Verlag; Kopiervorlage

TEST 2 – Hören, Lesen, Schreiben, Sprechen

Name: _____

1 **Was passt? Ordnen Sie zu. Hören Sie den Text zweimal.**

a Thomas hat ————————— dass Brigitte wieder nach Hause kommt.
b Brigitte macht   dass seine Frau in Thailand bleibt.
c Manfred hat Angst,   mit Manfred telefonieren.
d Lisa glaubt,   mit seinem Freund Manfred geredet.
e Lisa möchte,   einen Kurs in Thailand.
f Thomas will   dass Manfred zum Abendessen kommt.

_____ / 10 Punkte

2 **Lesen Sie die Anzeigen und die Aufgaben 1 bis 7. Welche Anzeige passt zu welcher Situation? Für eine Aufgabe gibt es keine Lösung. Schreiben Sie hier den Buchstaben X.**

(a) Berühmte Musiker aus Bonn.
Ein Stadtspaziergang mit spannenden Geschichten über Ludwig van Beethoven und Robert Schumann. Beginn: 15 Uhr. Treffpunkt: Vor dem Alten Rathaus.

(d) Sein oder nicht sein?
Gedichte von Shakespeare bis Brecht. Lila Buchladen, Königstr. 48, Beginn: 20 Uhr. Eintritt: 5 Euro.

(b) Das dürfen Sie nicht verpassen:
Live-Karaoke im Irish Pub in der Friedrichstraße 37. Jeden Freitag ab 21 Uhr.

(e) Poetry-Slam! Jeden Mittwoch ab 18 Uhr im Waschsalon, Maxstraße 11. Wer ein Gedicht vorliest, bekommt ein Getränk gratis.

(c) Dieser Club schwimmt:
Techno-Party auf dem Rhein. Das Schiff legt um 20.30 Uhr am Alten Zoll ab. Eintritt: 10 Euro, ein Cocktail gratis.

(f) Vernissage in der Galerie am Turm:
Sammelausstellung jünger Künstler aus Bali. Der Kunsthistoriker und Asienexperte Dr. Frieder Lutze hält den Eröffnungsvortrag und führt dann durch die Ausstellung. Anmeldung unter info@galerie-am-turm.de

Anzeige

1 Antonia interessiert sich für Kunst und lernt gern etwas Neues kennen.   f
2 Sandra hat ein Gedicht geschrieben und möchte es vor einem Publikum präsentieren.   _____
3 Tim schwimmt gern und sucht einen Wassersport-Verein.   _____
4 Sara hört gern zu, wenn andere singen.   _____
5 Martina tanzt gern. Sie mag schnelle Musik und trinkt gern Mojito.   _____
6 Simon möchte mit seiner Mutter eine Veranstaltung besuchen. Sie interessiert sich für klassische Musik.   _____
7 Jürgen hat Literatur studiert und findet den Buchladen in der Königstraße sehr nett.   _____

_____ / 6 Punkte

SCHREIBEN

3 **Lesen Sie die E-Mail und schreiben Sie sie fertig. Überzeugen Sie Markus, mit Ihnen zum Poetry-Slam zu gehen.**

Hallo!

Du möchtest mit mir am Donnerstag zum Poetry-Slam? Also, ich weiß nicht. Das hört sich nicht so toll an. Ist das nicht eher langweilig? Den ganzen Abend Gedichte … Ist das wirklich gut?

Viele Grüße
Markus

~~mir glauben!~~ | etwas Besonders | cooler Club | Leute lustig | Spaß machen | nicht neugierig? | sich bestimmt lohnen | außerdem gute Cocktails | hingehen! | Grüße

Lieber Markus,
glaub mir, der Poetry Slam am Donnerstag _____
_____
_____
_____
_____
_____

_____ / 9 PUNKTE

SPRECHEN

4 **Ordnen Sie zu.**

Das lohnt sich bestimmt | Schon gut | Ist das nicht viel zu teuer | Versuch das doch mal | Unsinn | ~~Sieh das doch nicht so negativ~~

a ▲ Wie bitte? Zum Karaoke? Ich kann doch nicht singen. Das ist total peinlich.
  ● _Sieh das doch nicht so negativ._ Jeder kann singen. _____! Bitte!
  ▲ _____, Karaoke ist wirklich mal etwas anderes.
    Okay, lass uns hingehen.
b ▲ Gehen wir zusammen zum Konzert von Herbert Grönemeyer?
    _____. Seine Konzerte sind immer toll.
  ● Also, ich weiß nicht. _____?
  ▲ _____! Die Karten kosten 40 Euro. Der Preis ist echt okay.

☺	☺	☹	_____ / 5 PUNKTE
24 – 30 Punkte	18 – 23 Punkte	0 – 17 Punkte	_____ / 30 PUNKTE

Menschen A2, Testtrainer 978-3-19-031902-2 © Hueber Verlag: Kopiervorlage

TEST 1 – Wörter und Strukturen

Name: _____

1 Ordnen Sie zu. (Zwei Wörter passen nicht.)

| Autor | Comics | Hörbücher | Gedicht | Geschichten | ~~Krimis~~ | Märchen | Zeitung |

a ● Magst du _Krimis_? ▲ Ja, ich liebe spannende _____.

b ● Erzählst du deinen Kindern _____?

   ▲ Klar, sie mögen am liebsten „Aschenputtel".

c ● Ich lese jeden Tag _____.

   ▲ Liest du sie im Internet?

d ● Ich lese nicht so gern. Meine Augen sind schnell müde.

   ▲ Magst du denn _____?

e ● Ich finde _____ toll.

   ▲ Ich auch! Ich habe alle „Asterix"-Bände!   _____ / 5 Punkte

2 Was passt zusammen? Ordnen Sie zu.

a der Roman ────────────── der Ratgeber

b die Zeitung   der Autor

c der Schriftsteller   das Kinderbuch

d das Sachbuch   die Zeitschrift

e das Bilderbuch ──────────── der Krimi   _____ / 4 Punkte

3 Was ist richtig? Kreuzen Sie an.

a Ich habe dich gestern angerufen. Ich ⊗ wollte ○ durfte ○ konnte   mit dir reden.

b Krimis machen mir Angst. Ich   ○ musste ○ mochte ○ sollte   sie noch nie.

c Wir sind zu spät aufgestanden und   ○ durften ○ mochten ○ mussten
   uns deshalb beeilen.

d Als Kind   ○ durfte ○ wollte ○ musste   ich keine Comics lesen.
   Meine Eltern wollten das nicht.   _____ / 3 Punkte

4 Ergänzen Sie die Modalverben im Präteritum.

a Früher _konnte_ ich nicht ruhig sitzen, ich _____ mich immer bewegen.
   (können, müssen)

b _____ du nicht gestern ins Kino gehen? (wollen)

c Als Kind _____ ich meiner kleinen Schwester immer vorlesen. (sollen)

d Früher _____ wir nicht so viel fernsehen. (dürfen)

e _____ ihr früher bei Liebesfilmen auch so viel weinen? (müssen)

f _____ du schon immer so gut fotografieren? (können)

g Ich _____ schon als Kind keine Gedichte. (mögen)

☺	😐	☹
15–19 Punkte	11–14 Punkte	0–10 Punkte

_____ / 7 Punkte

_____ / 19 Punkte

TEST 2 – Hören, Lesen, Schreiben, Sprechen

Name: _____

▶ 50

1 **Was ist richtig? Kreuzen Sie an: a, b oder c. Hören Sie den Text zweimal.**

HÖREN

1 Wie heißt die Sendung?
  a ○ Mord im Kofferraum.   b ⊗ Kultur am Abend.   c ○ Krimistunde.
2 Alexander Groß ist …
  a ○ Schriftsteller.   b ○ Buchhändler.   c ○ Bestseller.
3 Sein Krimi ist …
  a ○ schon alt.   b ○ sehr erfolgreich.   c ○ sehr frei.
4 Alexander Groß schreibt …
  a ○ nur Krimis.   b ○ nur Kinderbücher.   c ○ alles, was er mag.
5 Sein erstes Buch war …
  a ○ ein Sachbuch.   b ○ ein Krimi.   c ○ ein Roman.
6 Er wollte als Kind …
  a ○ Schriftsteller werden.   b ○ viele Bücher lesen.   c ○ Pilot werden.

_____ / 5 PUNKTE

2 **Lesen Sie die Forumsbeiträge. Kreuzen Sie an: richtig oder falsch.**

LESEN

Bücherfreunde

karl: Hallo, ihr alle! Ich suche ein Geschenk für meine Nichte (10 Jahre). Sie liest gern spannende und lustige Geschichten. Im letzten Jahr habe ich ihr „Rico, Oscar und die Tieferschatten" geschenkt. Das hat ihr gut gefallen. Ich liebe dieses Buch übrigens auch. Total lustig. Andreas Steinhöfel ist ein toller Autor! … Aber das kennt meine Nichte jetzt schon. Auch die anderen beiden Bände. Sie hat schon so viel gelesen. Ich suche also etwas Besonderes. Habt ihr einen Tipp?

constanze: Mein Lieblingskinderbuch ist „Sommersprossen auf den Knien" von Maria Parr. Die Autorin kommt aus Norwegen. Es gibt zwei Bücher von ihr in deutscher Übersetzung. „Sommersprossen auf den Knien" ist ein wunderbares Buch. Die Geschichte um das 10-jährige Mädchen Tonje ist sehr liebevoll erzählt. Vor einer Woche habe ich das Buch meiner Tochter (9 Jahre) vorgelesen. Wir haben beide viel gelacht – und auch ein bisschen geweint.

julia: Meine Tochter (11 Jahre) und ich lieben die Bücher von Kerstin Gier. Wir haben gerade „Rubinrot" gelesen. Das Buch ist der erste von drei Fantasy-Bänden. Sehr spannend und auch lustig. Es geht um Zeitreisen und die erste große Liebe. Kerstin Gier schreibt total gut. Das Buch ist auch verfilmt worden. Aber der Film ist nicht so gut wie das Buch.

	richtig	falsch
1 Karl sucht ein Buch für seine Nichte.	⊗	○
2 Karls Nichte liest nicht so gern.	○	○
3 Constanze liest ihrer Tochter Bücher vor.	○	○
4 „Sommersprossen auf den Knien" hat zwei Teile.	○	○
5 „Sommersprossen auf den Knien" ist auch ein bisschen traurig.	○	○
6 „Rubinrot" ist ein Buch von Kerstin Gier.	○	○
7 Julia findet den Film genauso gut wie das Buch.	○	○

_____ / 6 PUNKTE

Menschen A2, Testtrainer 978-3-19-031902-2 © Hueber Verlag; Kopiervorlage

TEST 2 – Hören, Lesen, Schreiben, Sprechen

SCHREIBEN

3 **Schreiben Sie einen Beitrag für das Forum.**

Mein Lieblingsbuch
Mein Lieblingsbuch heißt „Eat, pray, love". Die Autorin ist Elizabeth Gilbert.
Das ist ein kluger und spannender Roman. Die Geschichte ist einfach.
Eine Frau reist nach der Trennung von ihrem Mann ein Jahr durch die Welt.
Nach Italien, nach Indien und nach Bali. Sie sucht sich selbst und ihr Glück.
Und wie heißt dein Lieblingsbuch? Wer hat es geschrieben?
Was gefällt dir besonders gut? Was passiert im Buch, wie ist die Geschichte?

Mein Lieblingsbuch heißt _____

_____

_____

_____

_____

_____

_____ / 8 Punkte

SPRECHEN

4 **Welche Antwort passt nicht? Streichen Sie.**

a ● Liest du gern Krimis?
■ Ja, und wie! ■ Ja, Krimis interessieren mich sehr. ■ Nicht besonders.

b ● Hast du Interesse an Kochbüchern?
■ Nicht so. ■ Die interessieren mich überhaupt nicht. ■ Na ja, es geht so.

c ● Interessierst du dich für Fantasy-Geschichten?
■ Nein, die finde ich ehrlich gesagt langweilig. ■ Ja, und wie! ■ Überhaupt nicht!

d ● Hast du denn überhaupt Interesse an Büchern?
■ Nicht besonders. ■ Na ja, es geht so. ■ Doch, ich habe großes Interesse daran.

e ● Liest du gern Ratgeber über Sport?
■ Ja, das interessiert mich sehr. ■ Daran habe ich großes Interesse. ■ Na ja, es geht so.

f ● Interessierst du dich für Politik?
■ Überhaupt nicht. ■ Das finde ich uninteressant. ■ Nein, nicht besonders.

☺	☺	☹
19 – 24 Punkte	14 – 18 Punkte	0 – 13 Punkte

_____ / 5 Punkte

_____ / 24 Punkte

Menschen A2, Testtrainer 978-3-19-031902-2 © Hueber Verlag; Stapel © Bildunion/Photodesign Frank Eckgold

21 TEST 1 – Wörter und Strukturen

Name: _____

1 Ergänzen Sie die Verben in der richtigen Form.

abschließen | anfassen | ~~nähen~~ | schneiden | stehlen | waschen

a ● Das Kleid habe ich selbst _genäht_. ■ Wow. Wo hast du das gelernt?

b ● Die Tür war offen. Warum hast du sie nicht _____?
   ■ Das habe ich vergessen …

c ● Ich war beim Friseur. ■ Er hat aber nicht viel _____, oder?
   Deine Haare sind noch ziemlich lang.

d ● Die Hose ist ziemlich schmutzig. ■ Ja, die musst du wohl _____.

e ● Als Kind durfte ich in Geschäften nie etwas _____.
   ■ Hast du denn zu Hause viel kaputt gemacht?

f ● Ich finde meine Geldbörse nicht. Vielleicht hat sie jemand _____.
   ■ Warst du schon bei der Polizei?

_____ / 5 Punkte

2 Was passt zusammen? Ordnen Sie zu.

a Welches Bild gefällt dir am besten? ——— Mit dem um 14.35 Uhr.
b Mit welchem Zug kommst du? Das mit den Blumen.
c Für welche Kollegin ist das Geschenk? In dem am Rudolfplatz.
d In welchem Kino wart ihr? Zu denen in Berlin.
e Zu welchen Freunden fahrt ihr? Für die aus dem zweiten Stock.

_____ / 4 Punkte

3 Ergänzen Sie welch- und dies- in der richtigen Form.

a ● _Welches_ Foto findest du schön? ■ _____ hier gefällt mir sehr gut.

b ● _____ Film hast du gestern gesehen?
   ■ _____ hier. Ein sehr spannender Krimi.

c ● Mit _____ Auto bist du gekommen? ■ Mit _____ hier. Cool, was?

d ● _____ Polizist hat mit dir gesprochen. ■ _____ hier. Der war sehr nett!

e ● _____ Getränke hast du getrunken? ■ _____ hier. Die waren sehr gut!

_____ / 9 Punkte

4 Schreiben Sie Sätze mit lassen.

a _Lässt du dein Auto waschen_? (du – dein Auto – waschen)
b _____? (Kleidung – ihr – nähen – euch)
c _____. (ich – schneiden – die Haare – mir)
d _____. (den Teppich – wir – reinigen)
e _____? (das Schloss – Sie – sichern)

☺	☻	☹	_____ / 6 Punkte
19 – 24 Punkte	14 – 18 Punkte	0 – 13 Punkte	_____ / 24 Punkte

Menschen A2, Testtrainer 978-3-19-031902-2 © Hueber Verlag; Kopiervorlage

TEST 2 – Hören, Lesen, Schreiben, Sprechen

Name: _____

1 **Was ist richtig? Kreuzen Sie an. Hören Sie die Nachrichten zweimal.**

1 Christine findet ihr Portemonnaie nicht. ⊗
2 Im Portemonnaie waren viele Karten, aber nur wenig Bargeld. ◯
3 Marks Auto ist heute auf einem Parkplatz gestohlen worden. ◯
4 Es gibt keine Zeugen. ◯
5 Nadja hatte ihr Fahrrad gut abgeschlossen. ◯
6 Nadja sind schon oft Fahrräder gestohlen worden. ◯   _____ / 5 PUNKTE

2 **Lesen Sie die Nachrichten. Was ist richtig? Kreuzen Sie an: a, b oder c.**

a **Bonn.** In der Nacht von Sonntag auf Montag ist im Stadtteil Dottendorf in mehreren Häusern eingebrochen worden. Die unbekannten Täter haben Schmuck und Bargeld gestohlen.

c **Dortmund.** In der U-Bahn waren in der letzten Woche mehrere Trickdiebe unterwegs. Sie haben Geldbörsen und Handtaschen gestohlen. Von den Tätern fehlt noch jede Spur. Die Polizei nimmt Hinweise entgegen.

b **Köln.** Die Feuerwehr hat gestern ein vierjähriges Mädchen vom Dach eines Hochhauses gerettet. Wie das Kind auf das Dach klettern konnte, ist noch unklar. Die Eltern sind einkaufen gegangen und haben das Kind allein in der Wohnung gelassen, sagte ein Sprecher der Polizei. Eine Nachbarin hat die Polizei informiert.

d **Bad Godesberg.** In der Nacht zum Sonntag wird die Bundestraße 9 zwischen Kennedyallee und Hochkreuz abgesperrt. Grund dafür sind Bauarbeiten an den Gleisen der Straßenbahn. Ab 6 Uhr ist die Straße dann wieder frei.

1 Es gab   a ◯ Unfälle   b ◯ Staus   c ⊗ Einbrüche   in Bonn-Dottendorf.
2 Wer die Täter sind,   a ◯ ist nicht klar.   b ◯ weiß die Polizei.   c ◯ ist sicher.
3 a ◯ Die Polizei   b ◯ Die Feuerwehr   c ◯ Die Nachbarin   hat ein Kind in Sicherheit gebracht.
4 Die Eltern haben   a ◯ gut auf ihr Kind aufgepasst.   b ◯ ihr Kind allein gelassen. c ◯ die Nachbarin informiert.
5 In Dortmund sind   a ◯ Portemonnaies   b ◯ Ringe   c ◯ Reisetaschen gestohlen worden.
6 Die Polizei hat die Täter   a ◯ sofort   b ◯ bald   c ◯ noch nicht gefunden.
7 In Bad Godesberg wird eine Straße   a ◯ für eine Nacht b ◯ für den ganzen Sonntag   c ◯ immer sonntags   abgesperrt.
8 Die Straße wird gesperrt, weil   a ◯ die Straßenbahn gereinigt wird. b ◯ die Straße kaputt ist.   c ◯ die Gleise repariert werden.   _____ / 7 PUNKTE

Menschen A2, Testtrainer 978-3-19-031902-2 © Hueber Verlag; Kopiervorlage

HÖREN

LESEN

TEST 2 – Hören, Lesen, Schreiben, Sprechen

3 **Lesen Sie die E-Mail und schreiben Sie die Antwort fertig.**

SCHREIBEN

> Hallo!
> Ich habe gesehen, dass das Schloss an deinem Auto kaputt ist.
> Was ist denn passiert? Ein Unfall oder Einbruch? Ich hoffe, es ich nichts Schlimmes …
> Liebe Grüße,
> Daniel

~~nichts Schlimmes passiert~~ | Glück gehabt | jemand: Auto aufgebrochen |
Täter: nichts gestohlen | Glück, weil: Marias Handtasche im Auto | 200 Euro Bargeld! |
morgen: Schloss reparieren lassen | alles wieder gut | Wie geht's? | Grüße

> *Lieber Daniel,*
> *danke für deine Mail! Nein, es ist nichts Schlimmes passiert.*
> _____
> _____
> _____
> _____
> _____
> _____
> _____
> _____

_____ / 10 Punkte

4 **Schreiben Sie zwei Gespräche.**

SPRECHEN

Daran kann ich mich nicht erinnern. | Gibt es dafür Zeugen? | Dort am Haus, aber es war schon
sehr dunkel. | Ich war zu Hause und habe ferngesehen. | ~~Können Sie den Täter näher~~
~~beschreiben?~~ | Was haben Sie gestern Abend zwischen 20 und 22 Uhr gemacht?

a ● *Können Sie den Täter näher beschreiben?* Welche Haarfarbe hatte er?
   ■ _____

   ● Wo haben Sie ihn genau gesehen?
   ■ _____

b ● Erzählen Sie doch mal: _____
   ■ _____
   ● _____
   ■ Nein, ich war allein.

☺	☺	☹
22 – 27 Punkte	16 – 21 Punkte	0 – 15 Punkte

_____ / 5 Punkte

_____ / 27 Punkte

Menschen A2, Testtrainer 978-3-19-031902-2 © Hueber Verlag; Kopiervorlage

TEST 1 – Wörter und Strukturen

Name: _____

1 **Was passt? Kreuzen Sie an.**

a eine Zugverbindung   ⊗ wählen   ◯ ausfüllen   ◯ erreichen
b ein Formular   ◯ teilen   ◯ erreichen   ◯ ausfüllen
c einen Link   ◯ ausfüllen   ◯ anklicken   ◯ besitzen
d einen Vertrag   ◯ unterschreiben   ◯ anklicken   ◯ erreichen
e ein Ziel   ◯ mieten   ◯ erreichen   ◯ zurückbringen   _____ / 4 Punkte

2 **Ordnen Sie zu. (Nicht alle Wörter passen.)**

Buchstaben | ~~Chipkarte~~ | Fahrkarte | Mitglied | Passwort | Steuer | Umwelt | Zahlen

a ● Wie öffne ich die Zimmertür?   ■ Mit dieser *Chipkarte* hier.
b ● Bist du _____ in einem Verein?   ■ Ja, ich bin im Tennis-Club.
c ● Wie viele _____ hat das Wort Schifffahrt?   ■ Elf!
d ● Ich fahre morgen mit dem Zug nach Berlin.
   ■ Hast du schon eine _____?
e ● Benutzt du noch Glühbirnen?
   ■ Nein, LED-Lampen sind besser für die _____.
f ● Ich will mich einloggen, aber ich habe
   mein _____ vergessen.   ■ Und jetzt?   _____ / 5 Punkte

3 **Was passt zusammen? Ordnen Sie zu.**

a Seit ich dich kenne, ———————   haben wir jedes Wochenende miteinander verbracht.

b Ich habe mich oft allein gefühlt,   habe ich nicht gewusst, was Liebe ist.
c Bis ich dich kennengelernt habe,   denke ich nur noch an dich.
d Seitdem wir zusammen sind,   seit ich dich zum ersten Mal gesehen habe.
e Ich will jede Stunde mit dir verbringen,   bis du mir begegnet bist.   _____ / 4 Punkte

4 **Ergänzen Sie *bis* und *seit(dem)*.**

<u>Seit</u> (a) ich in Deutschland lebe, habe ich viele Menschen kennengelernt. Es hat ein paar Monate gedauert, _____ (b) ich mich hier wohlgefühlt habe. _____ (c) ich den Sprachkurs mache, spreche ich viel besser Deutsch. Ich habe auch nicht mehr so viel Angst vor Fehlern. Aber es dauert natürlich noch ein bisschen, _____ (d) ich perfekt Deutsch kann. Aber das ist nicht schlimm. _____ (e) ich diesen Kurs besuche, macht mir Lernen Spaß. Vielleicht, weil die Leute dort so nett sind. Ich bleibe in diesem Kurs, _____ (f) ich mich ganz fit fühle oder _____ (g) die Lehrerin in Rente geht.

☺	😐	☹
15–19 Punkte	11–14 Punkte	0–10 Punkte

_____ / 6 Punkte

_____ / 19 Punkte

TEST 2 – Hören, Lesen, Schreiben, Sprechen

Name: _____

▶ 54–57 **1** **Sie hören vier Ansagen am Telefon. Ergänzen Sie die Notizen.**
Hören Sie jeden Text zweimal.

① **Volkshochschule**
Anmeldung für den
Gymnastikkurs
Bitte um Rückruf
Telefon: _____

② **Werkstatt**
Fahrrad fertig, abholen
Wann?: _____

④ **Reisebüro**
günstigen Flug gefunden
Kosten: _____

③ **Praxis Dr. Meyer**
Termin verschieben
Wann?: _____

_____ / 8 Punkte

2 **Lesen Sie die Informationen zum Carsharing. Was ist richtig? Kreuzen Sie an.**

Statt-Auto Bonn – Carsharing leicht gemacht

Unser Angebot
Mit Statt-Auto sind Sie auch ohne eigenes Auto mobil. Wir haben zurzeit rund
40 Autos – vom Kleinwagen bis zum Kombi. Sie stehen in der Stadt Bonn auf
sicheren Parkplätzen. Als Statt-Auto-Kunde können Sie diese Autos jederzeit nutzen,
wenn Sie sie brauchen. Wählen Sie ein Auto in der richtigen Größe. Reservieren Sie
es einige Tage oder Wochen vorher oder entscheiden Sie am Tag selbst.

Ihre Vorteile
Sie müssen sich ums nichts kümmern: Wir reparieren und waschen die Autos.
Zum Tanken nutzen Sie die Chipkarte im Auto.

So geht's
Wenn Sie sich als Statt-Auto-Kunde angemeldet haben, können Sie Ihr Wunschauto
online reservieren. Loggen Sie sich mit Ihrem Benutzernamen und Passwort ein.
Geben Sie Ihren Wunschtermin ein. Wählen Sie das passende Auto aus unserem
Angebot. Suchen Sie ein freies Auto in Ihrer Nähe. Wählen Sie, wie lange Sie das
Auto nutzen möchten. Wir bestätigen Ihre Buchung mit einer E-Mail oder einer SMS.

1 Statt-Auto Bonn hat im Moment etwa 40 Autos. ⊗
2 Die Autos haben alle die gleiche Größe. ○
3 Die Autos stehen alle auf einem Parkplatz. ○
4 Man muss die Autos nicht lange vorher reservieren. ○
5 Der Kunde muss das Auto waschen, wenn es schmutzig ist. ○
6 Man kann die Autos online buchen. ○
7 Man muss im Online-Formular angeben, wie lange man das Auto braucht. ○
8 Wenn man ein Auto gebucht hat, bekommt man eine E-Mail oder SMS. ○

_____ / 7 Punkte

Menschen A2, Testtrainer 978-3-19-031902-2 © Hueber Verlag; Kopiervorlage

TEST 2 – Hören, Lesen, Schreiben, Sprechen

SCHREIBEN

3 **Wie geht das? Schreiben Sie die Antwort.**

Hi, kannst Du mir bitte
noch mal aufschreiben,
wie ich unsere Bestellung
bei schuhversand.de
abschicke? Ich vergesse
das immer wieder ...
Danke. Du bist ein Schatz!

1. www.schuhversand.de eingeben

2. auf der Internetseite einloggen,
   das heißt: [user_1977] und [user_1977] eingeben

3. den Warenkorb

4. die Bestellung ansehen

5. okay? abschicken

6. die Bestellung

7. fertig!

Das ist ganz einfach. Zuerst musst du www.schuhversand.de eingeben.

_____

_____

_____

_____

_____

_____ / 6 PUNKTE

SPRECHEN

4 **Ergänzen Sie die Gespräche.**

a ● K _ _ _ _ _ _ S _ _ m _ _ bitte s _ _ _ _ _ ,
    wie der Automat funktioniert?
  ■ G _ _ _ _ . Zuerst wählen Sie das Ziel Ihrer Reise.
  ● Aha. Und w _ _ g _ _ _ _ d _ _ genau?
  ■ Sie geben hier den ersten Buchstaben der Stadt ein.
    Und dann sehen Sie hier ...

b ● Sie können die Kinokarten natürlich auch online bestellen.
  ■ Ach. Das ist ja praktisch.
    K _ _ _ _ _ _ S _ _ m _ _ d _ _ er _ _ _ _ _ _ _ ?
  ● K _ _ _ P _ _ _ _ _ _ _ . D _ _ i _ _ g _ _ e _ _ _ _ _ _ _ .
  ■ Ja, das sagen immer alle ...

☺	☺	☹
22 – 27 Punkte	16 – 21 Punkte	0 – 15 Punkte

_____ / 6 PUNKTE

_____ / 27 PUNKTE

Menschen A2, Testtrainer 978-3-19-031902-2 © Hueber Verlag; Ü4: a © Colourbox.com; b © Thinkstock/Wavebreakmedia

23 TEST 1 – Wörter und Strukturen

Name: _____

1 Welcher Schultyp passt? Ergänzen Sie.

a Wenn das Studium an einer Hochschule praktisch sein soll,
   wählt man die F a c h h o c h s c h u l e.
b Für die ersten Schuljahre gibt es die G _ _ _ _ _ _ _ _ _ _ .
c Wenn man das Abitur machen möchte, besucht man das
   G _ _ _ _ _ _ _ _ oder die G _ _ _ _ _ _ _ _ _ _ _ .
d Wenn man eine Lehre macht, geht man in die B _ _ _ _ _ _ _ _ _ _ _ .

_____ / 4 PUNKTE

2 Ordnen Sie zu. (Nicht alle Wörter passen.)

Bewerbung | freiwillig | Laune | Note | schriftliche | Thema | ~~Zeugnis~~

a Ich war in der Schule nie sehr gut. Mein Zeugnis war immer okay, aber nicht super.
   In Sport hatte ich die beste _____.
b Was findest du leichter: mündliche oder _____ Prüfungen?
c Diese Lektion gefällt mir besonders gut. Ich mag das _____.
d Meine Tochter möchte nach der Schule eine Ausbildung als Friseurin machen.
   Sie hat ihre _____ schon an ein paar Friseursalons geschickt.

_____ / 4 PUNKTE

3 Ergänzen Sie die Relativpronomen.

a Kopieren? Nein, das stört mich nicht. Das ist eine Tätigkeit, die ich mag.
b Das Gymnasium, _____ ich früher besucht habe, gibt es schon nicht mehr.
c Das sind die Bewerbungen, _____ ich vorgestern geschrieben habe.
d Der Praktikant, _____ seit einem Monat hier arbeitet, hat immer gute Laune.
e Der Elektroinstallateur, _____ ich angerufen habe, hatte keinen Termin mehr frei.

_____ / 4 PUNKTE

4 Schreiben Sie Fragesätze mit Relativsatz.

a Wo ist das Zeugnis? Ich habe es gestern bekommen.
   Wo ist das Zeugnis, das ich gestern bekommen habe?
b Wo ist die Firma? Sie sucht neue Mitarbeiter.

_____

c Wo ist der Mitarbeiter? Er hat heute gekündigt.

_____

d Wo ist das Buch? Ich habe es meiner Tochter vorgelesen.

_____

e Wo ist der Vertrag? Ich habe ihn gerade unterschrieben.

_____

☺	☻	☹
16 – 20 Punkte	12 – 15 Punkte	0 – 11 Punkte

_____ / 8 PUNKTE

_____ / 20 PUNKTE

Menschen A2, Testtrainer 978-3-19-031902-2 © Hueber Verlag; Kopiervorlage

TEST 2 – Hören, Lesen, Schreiben, Sprechen

Name: _____

▶ 58 **1 Was ist richtig? Kreuzen Sie an: a, b oder c. Hören Sie das Gespräch zweimal.**

1 Ralf ist mit seiner Ausbildung   a ◯ sehr zufrieden.   b ◯ ganz zufrieden.
  c ⊗ unzufrieden.
2 Er findet, dass er in der Ausbildung   a ◯ zu viel lernen muss.
  b ◯ nicht genug lernt.   c ◯ schon viel gelernt hat.
3 Er macht eine Ausbildung als   a ◯ Kellner.   b ◯ Putzmann.   c ◯ Friseur.
4 Sein Chef lässt ihn   a ◯ nicht selbst schneiden.   b ◯ zu viel arbeiten.
  c ◯ nicht zugucken.
5 Ralf möchte mit seinem Chef   a ◯ streiten.   b ◯ sprechen.   c ◯ Kaffee trinken.
6 Wenn alles so bleibt, will Ralf   a ◯ keine Ausbildung mehr machen.
  b ◯ weiter für den Chef arbeiten.   c ◯ einen neuen Ausbildungsplatz suchen.

_____ / 5 Punkte

**2 Lesen Sie den Artikel und die Aufgaben 1 bis 8.
Kreuzen Sie an: richtig oder falsch.**

Abitur – und dann? Warum viele Schüler Angst vor der Berufswahl haben

Elektroinstallateur oder Informatiker? Viele Abiturienten haben Angst vor der Berufswahl. Die Berufsberaterin Silke Haselmann erklärt im Interview, warum das so ist.

Frau Haselmann, Sie beraten Abiturienten bei der Berufswahl. Haben die jungen Leute selbst Ideen, was sie beruflich machen möchten?
Haselmann: Viele wissen, was sie ungefähr machen möchten. Aber die meisten haben Angst, eine falsche Entscheidung zu treffen.

Warum ist die Angst davor so groß?
Haselmann: Viele Schüler denken, dass ihre Wahl unbedingt richtig sein muss. Sie denken, dass diese Entscheidung eine Entscheidung für das ganze Leben ist. Viele finden es auch sehr wichtig, dass der Beruf Spaß macht.

Wie reagieren Sie auf diese Angst?
Haselmann: Ich erkläre den Schülern, dass man heute sehr viel flexibler ist. Man arbeitet nicht mehr 40 Jahre im gleichen Beruf. Die Entscheidung ist zwar wichtig, aber man kann sie auch ändern.

	richtig	falsch
1 Silke Haselmann berät Schüler bei der Abiturvorbereitung.	◯	⊗
2 Vielen Schülern macht die Berufswahl Angst.	◯	◯
3 Sie wissen nicht, was sie nach der Schule machen wollen.	◯	◯
4 Sie denken, der Beruf ist nicht so wichtig.	◯	◯
5 Sie wollen, dass ihre Entscheidung absolut richtig ist.	◯	◯
6 Silke Haselmann glaubt, dass man heute mehr Freiheit hat als früher.	◯	◯
7 Die Entscheidung für einen Beruf kann man leider nicht ändern.	◯	◯

_____ / 6 Punkte

Menschen A2, Testtrainer 978-3-19-031902-2 © Hueber Verlag; Kopiervorlage

SCHREIBEN

3 **Schreiben Sie einen Eintrag für das Feedback-Forum.**

> Wie zufrieden waren Sie mit Ihrem Deutschkurs? Hat Ihnen der Unterricht Spaß gemacht?
> Haben Sie viel gelernt? Welche Themen haben Ihnen besonders gut gefallen?
> Wie hat Ihnen der Lehrer / die Lehrerin gefallen? War die Kursgröße okay?
> Was hat Sie gestört? Sagen Sie uns Ihre Meinung!

~~sehr zufrieden~~ | großer Spaß | viel gelernt: neue Wörter, viel Grammatik |
viel geübt | jetzt gut sprechen | Themen „Urlaub und Fernsehen" |
Lehrerin sehr sympathisch | Kurs klein: gut | Kurs zu kurz

Ich war sehr zufrieden mit dem Deutschkurs. _____

_____

_____

_____

_____

_____ / 10 PUNKTE

SPRECHEN

4 **Ergänzen Sie.**

a ● Bist du mit deinem Beruf zufrieden?

    ■ Ja, i*ch* f*inde* m*eine*n B*eruf* p*rim*a. Er macht mir großen Spaß.

b ● Bist du mit deiner Ausbildung zufrieden?

    ■ N _ _ _, ü _ _ _ _ h _ _ _ _ _ n _ _ _ _ _. Ich habe keine Lust mehr.

c ● Wie gefällt Ihnen Ihr neuer Job eigentlich? Sind Sie zufrieden?

    ■ Na ja, e _ g _ _ _ _. Der Job ist okay.

d ● Wie geht es dir in deinem Beruf? Bist du zufrieden?

    ■ Ja, i _ _ b _ _ s _ _ _ z _ _ _ _ _ _ _ _ _ d _ _ _ _.
       Mein Job ist sehr interessant.

e ● Und was macht die Ausbildung? Sind Sie zufrieden?

    ■ Nein, ich h _ _ _ _ g _ _ _ _ _. Ich muss immer aufräumen und kopieren.
       D _ _ s _ _ _ _ m _ _ _ _. Deshalb suche ich einen neuen Ausbildungsplatz.

_____ / 5 PUNKTE

☺	☻	☹
21 – 26 Punkte	16 – 20 Punkte	0 – 15 Punkte

_____ / 26 PUNKTE

Menschen A2, Testtrainer 978-3-19-031902-2 © Hueber Verlag; Kopiervorlage

TEST 1 – Wörter und Strukturen

Name: _____

1 **Ergänzen Sie die Wörter und den Artikel.**

1 _das_ K o n s u l a t   5 _____ I _ _ _ _ _ _

2 _____ V _ _ _ _   6 _____ Z _ _ _

3 _____ P _ _ _   7 _____ A _ _ _ _ _ _

4 _____ G _ _ _ _   8 _____ A _ _ _ _ _

_____ / 7 Punkte

2 **Ordnen Sie zu. (Nicht alle Verben passen.)**

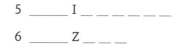

beantragt | brauchen | geleitet | gemietet | verabredet | ~~verlängern~~

a Ich muss vor der Reise noch meinen Pass _verlängern_ lassen.
b Hast du schon das Visum _____?
c _____ wir noch eine Impfung vor unserer Reise?
d Wir haben uns am Flughafen _____.
e Wir haben für den Urlaub ein kleines Apartment in Bangkok _____.

_____ / 4 Punkte

3 **Ergänzen Sie die Verben im Präteritum.**

a ● Ich _fand_ die Schule früher toll. (finden)
  ■ Ja, für mich _____ das auch eine schöne Zeit. (sein)
b ● _____ es bei euch früher oft Kuchen? (geben)
  ■ Ja, jeden Sonntag.
c ● Früher _____ ich vieles anders. (sehen)
  ■ _____ du das besser? (finden)
d ● Als der Frühling _____, haben wir als Kinder
    immer Vögel beobachtet. (kommen)
  ■ Oh, das _____ ich auch immer. (wollen)
e ● Was _____ du? Ich habe dich nicht verstanden. (sagen)
  ■ Ach, nichts.
f ● Wann _____ eigentlich die ersten spanischen
    Fußballprofis nach Deutschland? (kommen)
  ■ Ich weiß nicht, wann das _____. Du stellst vielleicht Fragen … (sein)

☺	☻	☹
16 – 20 Punkte	12 – 15 Punkte	0 – 11 Punkte

_____ / 9 Punkte

_____ / 20 Punkte

Name: _____

1 **Vergangenheit oder Gegenwart? Wovon wird erzählt?**
Kreuzen Sie an. Hören Sie die Nachrichten einmal.

HÖREN

	Vergangenheit	Gegenwart
Nachricht 1	⊗	○
Nachricht 2	○	○
Nachricht 3	○	○
Nachricht 4	○	○
Nachricht 5	○	○
Nachricht 6	○	○

_____ / 5 PUNKTE

2 **Lesen Sie die Anzeigen und die Aufgaben 1 bis 6. Welche Anzeige**
passt zu welcher Situation? Für eine Aufgabe gibt es keine Lösung.
Schreiben Sie hier den Buchstaben X.

LESEN

a Jobben und Reisen im Ausland? Mit unserem Work-&-Travel-Programm können Sie drei bis zwölf Monate im englischsprachigen Ausland leben und arbeiten. Wir vermitteln einen Job und eine Unterkunft und helfen auch sonst bei der Planung. Nähere Infos unter www.worktravel.de.

d Fließend Spanisch in drei Monaten? Besuchen Sie unsere Sprachenschule in Granada – und erleben Sie, wie viel Spaß Sprachenlernen machen kann. Informieren Sie sich noch heute über unser Kursangebot unter www.sprachkurse-granada.net!

b Sie möchten als Au-pair Auslandserfahrung sammeln? Dann nehmen Sie Kontakt mit uns auf. Wir vermitteln Au-pair-Stellen in mehr als 30 Ländern – sicher, kostenlos und einfach. Rufen Sie uns an: 030/68797363

e Ich suche Interviewpartner mit spannenden Auslandserfahrungen. Haben Sie eine Zeit lang im Ausland gelebt, studiert oder gearbeitet? Dann melden Sie sich doch bitte unter meinjahrin@web.de!

c Wir suchen freiwillige Mitarbeiterinnen und Mitarbeiter für ein Kinderhilfsprojekt in Bangladesch. Kommen Sie zu unserem Info-Abend am 30. August um 20 Uhr im Stresemann-Institut.

Anzeige

1 Anja möchte einen Spanischkurs machen und hat dafür etwa 15 Wochen Zeit.   *d*

2 Katja möchte Kindern helfen und interessiert sich für Freiwilligenarbeit im Ausland.   _____

3 Tobias hat drei Jahre in Japan gelebt und dort für eine IT-Firma gearbeitet.   _____

4 Nina möchte ihr Apartment in Spanien vermieten.   _____

5 Nils möchte ein paar Monate in den USA leben und dort Geld verdienen.   _____

6 Antonia mag Kinder und möchte nach dem Abitur ein Jahr im Ausland leben.   _____

_____ / 5 PUNKTE

Menschen A2, Testtrainer 978-3-19-031902-2 © Hueber Verlag; Kopiervorlage

TEST 2 – Hören, Lesen, Schreiben, Sprechen

SCHREIBEN

3 **Lesen Sie den Beitrag im Feedback-Forum. Sie haben das Programm auch gemacht und fanden es toll. Schreiben Sie den Eintrag positiv.**

Geben Sie uns Ihr Feedback!

dieter67: Ich habe das Drei-Wochen-Programm „Yoga und Sprachkurs" gebucht und war überhaupt nicht zufrieden. Das würde ich niemandem empfehlen.
Es war keine schöne Zeit. Ich fand es traurig, dass der Yogalehrer so schlecht war.
Ich wollte richtig gut Englisch lernen, aber das hat leider nicht geklappt.
Und ich fand es doof, dass der Sprachunterricht so langweilig war.

Ich habe auch das Drei-Wochen-Programm „Yoga und Sprachkurs" gebucht und es hat mir super gefallen.
_____
_____
_____
_____

_____ / 10 Punkte

SPRECHEN

4 **Ordnen Sie zu. (Nicht alles passt.)**

Das hat mir nicht so gut gefallen. | ~~Das war eine tolle Zeit mit vielen schönen Erlebnissen.~~ |
Das würde ich jedem empfehlen. | Es hat mir super gefallen, dass | Ich fand es traurig,
dass | Leider hat das nicht geklappt. | würde ich niemandem empfehlen.

a ● Wie war es in Vietnam?
  ■ Super. _Das war eine tolle Zeit mit vielen schönen Erlebnissen._
  ● Was hat dir am besten gefallen?
  ■ _____ die Menschen
    dort so freundlich waren.
  ● Findest du, dass Vietnam ein gutes Reiseland ist?
  ■ Ja! _____

b ● Ich habe im Sommer einen Sprachkurs gemacht.
    _____
  ■ Und was genau fandest du nicht gut?
  ● Die Kurse waren zu voll. Ich lerne nicht gern in großen Gruppen.
    Diese Sprachenschule _____
  ■ Verstehe ...
  ● _____ ich so wenig gelernt habe.

☺	☺	☹	_____ / 5 Punkte
20–25 Punkte	15–19 Punkte	0–14 Punkte	_____ / 25 Punkte

Lektion 1

Test 1

1 **b** Schwiegervater **c** Tante
 d Nichte **e** Cousine
2 **b** übernachtet **c** gestritten
 d verkauft **e** geklettert
3 **b** deiner **c** Eure **d** deine **e** euren **f** Ihr
4 **b** erzählt **c** aufgemacht **d** gearbeitet
 e hatte **f** gezeichnet **g** passiert **h** war

Test 2

1 **2** b **3** c **4** c **5** b
2 **2** falsch **3** falsch **4** richtig
 5 falsch **6** richtig
3 **1** Ja, aber er hat die Bäckerei 1995
 geschlossen. **2** Als junger Mann ist
 er viel gereist. **3** Ja, er ist mit 70 noch
 Fahrrad gefahren. **4** Nein, (er hat) keine
 Geschichten (erzählt), aber er hat gern
 Witze erzählt. **5** Er war oft sehr lustig,
 aber manchmal auch traurig.
4 Habe **ich dir** schon von meinem Onkel
 Ferdinand erzählt? – **Also pass auf:**
 Er hat viele Jahre lang Briefmarken
 gesammelt. **Und weißt du**, was dann
 passiert ist? – Und **was hat** er dann
 mit dem Geld gemacht?
5 Zuerst sind wir Skateboard gefahren.
 Dann haben wir ein Eis gegessen. Und
 danach haben wir Comics gelesen. (oder:
 Zuerst sind wir Skateboard gefahren.
 Und danach haben wir Comics gelesen.
 Dann haben wir ein Eis gegessen). Zum
 Schluss sind wir ins Kino gegangen.

Lektion 2

Test 1

1 ein Fernsehgerät, einen Schreibtisch,
 einen Spiegel, ein Sofa, ein Kissen
 und einen Teppich.
2 **b** stellen **c** liegt **d** legst **e** stehen

3 **b** dem **c** der **d** dem **e** dem
4 **b** Häng den Spiegel ins Bad.
 c Leg das Kissen auf den Stuhl.
 d Stell die Pflanze in die Ecke.
 e Häng das Bild neben die Tür.
 f Stell den Herd zwischen den
 Schrank und das Fenster.

Test 2

1 **2** richtig **3** falsch **4** richtig
 5 richtig **6** falsch
2 **2** c **3** b **4** a **5** c
3 **Beispiel:** Frieda: Sonst wird der Raum
 kleiner. Bernd: Stell große Möbel nicht
 vor eine dunkle Wand. Peter: Das macht
 den Raum größer. Helga: Stell nicht alle
 Vasen ins Wohnzimmer.
4 (von oben nach unten) 5, 3, 6, 1, 4, 2

Lektion 3

Test 1

1 **b** Ruhe **c** Tiere **d** Luft, Vögel
 e Landschaft **f** Dorf **g** Katzen
2 **b** liegen **c** buchen **d** aktiv sein **e** bieten
3 **b** Übernachtung **c** Vermieter **d** Fahrer
 e Erholung **f** Anmeldung

Test 2

1 **2** b **3** a **4** c **5** b **6** c
2 **2** c **3** d **4** a **5** X **6** e
3 **Beispiel:** Mir gefällt ein Tag im Zoo sehr
 gut. Ich glaube, das funktioniert gut.
 Eine Wanderung ist vielleicht ein
 bisschen langweilig. Und ich glaube,
 eine Fahrradtour funktioniert nicht.
 Die Kinder sind ja noch sehr klein.
4 **a** Ich **würde gern** eine Reise nach
 Marokko buchen. **b** Echt? Ich mag die
 Idee **überhaupt nicht**. Ich glaube, das
 funktioniert nicht. – Welche Idee
 gefällt dir am besten?

Menschen A2, Testtrainer 978-3-19-031902-2 © Hueber Verlag

Lektion 4

Test 1

1 **b** Birnen **c** Bohnen **d** Saft, Cola
   e Mehl, Quark
2 **b** satt **c** weich **d** billig **e** fett **f** roh
3 **b** fettarme **c** helles **d** weicher **e** grünes
4 **b** frisch gepresst**en c** lecker**en**, frisch**em**
   d gut**en e** fettarm**e f** weich**es**

Test 2

1 2 a 3 c 4 b 5 a
2 2 falsch 3 richtig 4 richtig 5 falsch 6 falsch
3 **2** Nein, ich mag keine gekochten Eier,
   aber ich mag Rührei. **3** Ich mag keinen
   gekochten Schinken, ich esse lieber
   rohen Schinken. **4** Ich mag gar kein
   Brot und ich esse auch keine Brötchen.
4 **Ich hätte gern** einen leckeren Käse. –
   Möchten Sie lieber einen weichen oder
   einen harten Käse? – **Geben Sie mir** bitte
   einen harten Käse. – Der Pecorino ist
   gerade **im Angebot**. Wie viel darf es sein?
   – Ich **nehme** 200 Gramm. – Gern.
   Darf es sonst noch etwas sein? –
   Nein, **danke**. Das ist **alles**.
5 Aber ich mag doch keinen Saft! –
   Möchtest du lieber einen Milchkaffee? –
   Oh ja, ich trinke sehr gern Kaffee. –
   Soll ich dir ein Brötchen bestellen? –
   Nein, ich möchte lieber ein Croissant.

Lektion 5

Test 1

1 **b** wechseln **c** besichtigen
   d machen **e** finden
2 **b** Sehenswürdigkeit **c** Touristen
   d Trinkgeld **e** Supermarkt **f** Prospekt
3 **b** berühmt**en c** schön**e d** groß**en e** alt**en**
   f modern**e g** lustig**en h** nett**en i** neu**en**
   j gut**en k** alt**en**

Test 2

1 **richtig:** 1, 2, 4, 5, 7
2 2 C 3 D 4 B 5 A 6 B
3 **Beispiel:** Ich möchte am liebsten einen
   faulen Tag machen, spazieren gehen
   und Kaffee trinken. Das Kunstmuseum
   interessiert mich nicht so sehr.
   Moderne Kunst finde ich schwierig.
   Und alte Kirchen sind auch langweilig.
   Aber ich finde auch einen Ausflug mit
   dem Schiff schön.
4 **2** Das ist eine gute Idee. Einverstanden.
   3 Was denkt ihr? – Ich finde das nicht so
   spannend. – Ich bin auch dafür. –
   Dann machen wir das.

Lektion 6

Test 1

1 **2** der Star **3** der Künstler **4** die Eintrittskarte **5** die Ermäßigung **6** der Vortrag
   7 die Diskussion **8** das Fest **9** das Konzert
2 **b** hinfahren **c** ausmachen
   d schlägst ... vor **e** hältst
3 **b** Über drei Wochen. **c** Seit Februar 2012.
   d Von morgen an.
4 **a** von ... bis **b** von ... an **c** seit, von ... bis

Test 2

1 **2** falsch **3** falsch **4** richtig **5** richtig **6** falsch
2 2 e 3 a 4 X 5 b 6 d
3 **Beispiel:** Meine Lieblingsveranstaltung
   ist das Tollwood Sommerfestival. Es findet
   vom 24. Juni bis 19. Juli 2015 im Olympia-
   park Süd in München statt. Das ist ein
   Festival für Musik- und Theaterfans.
   Es gibt Live-Musik aus der ganzen Welt.
   Das finde ich toll.
4 **b** Sehr nett, aber ich kann heute leider
   nicht. **c** Ja, gern. Das ist eine gute Idee.
   d Ja, das passt!

Menschen A2, Testtrainer 978-3-19-031902-2 © Hueber Verlag

5 1 Aber **gern**! 2 Darf ich etwas **vorschlagen**? Wie **wäre** es **mit** einem Ausflug nach Wien? – Also, ich **weiß nicht**. Das ist **keine** so **gute Idee**. 3 Wollen wir noch **einen Treffpunkt** ausmachen? – Okay, **das machen wir**. 4 **Lass uns** doch mal wieder ins Kino gehen. Was **hältst** du **davon**? – Das ist **sehr nett**, aber **da kann** ich **leider** nicht.

Lektion 7

Test 1

1 **b** abnehmen **c** sich ausruhen **d** trainieren **e** teilnehmen
2 **a** donnerstags **b** abends **c** morgens, Montags, freitags, nachmittags
3 **b** Wir sollten uns am Wochenende gut ausruhen. **c** Ihr könntet in einem Sportverein trainieren. **d** Ich sollte mindestens drei Kilo abnehmen.
4 **b** zwischen **c** über **d** zwischen

Test 2

1 2 a 3 b 4 c 5 a
2 2 S6352 3 E2466 4 S6360
3 2 Du solltest viel mit dem Fahrrad fahren und regelmäßig schwimmen gehen. 3 Du solltest abends Sport machen und keinen Kaffee trinken. 4 Du solltest nur alle fünf Stunden und abends keine Kohlenhydrate essen. 5 Du solltest Tischtennis oder Badminton spielen und Gymnastik oder Judo machen.
4 **b** Du könntest doch mit dem Fahrrad zur Arbeit fahren. Das dauert nicht lange. **c** An seiner Stelle würde ich Aqua-Fitness machen.

Lektion 8

Test 1

1 **b** die Verletzung **c** die Operation **d** das Blut **e** die Krankheit **f** die Untersuchung
2 **b** hingefallen **c** geblutet **d** Sorgen **e** Notaufnahme **f** untersucht **g** verbunden
3 **b** Ich mache mir Sorgen, weil meine Mutter hingefallen ist. **c** Petra kann heute nicht am Deutschkurs teilnehmen, weil sie eine Grippe hat. **d** Du bist müde, weil du viel gearbeitet hast. **e** Ina geht morgen zum Arzt, weil sie Probleme mit dem Knie hat.
4 **b** … frage ich meinen Arzt. **c** … ich zu schnell gefahren bin. **d** … trage ich einen Verband an der Hand. **e** … ich morgen ins Krankenhaus muss.

Test 2

1 **richtig:** 3, 4, 6
2 2 steff 3 carmen70 4 karli 5 carmen70 6 karli
3 **Beispiel:** Ich bin mit dem Fahrrad zur Arbeit gefahren und hingefallen. Zuerst habe ich gedacht, alles ist in Ordnung. Aber dann hat eine Frau den Notarzt gerufen. Im Krankenhaus hat die Ärztin meinen Rücken und meine Hand untersucht. Sie hat die Hand verbunden. Jetzt kann ich nur mit einer Hand schreiben und habe ein bisschen Kopfschmerzen.
4 **Ist alles in Ordnung?** – Oh! **Das tut mir wirklich sehr leid. Hoffentlich hast du nichts Schlimmes!** – Ich **habe Angst vor** der Untersuchung. Ich **hoffe**, ich muss nicht **ins Krankenhaus.**
5 **b** Ich mache mir Sorgen. **c** Ich hoffe, ich muss nicht zum Zahnarzt. **d** Das finde ich aber traurig.

Menschen A2, Testtrainer 978-3-19-031902-2 © Hueber Verlag

Lektion 9

Test 1

1 **b** der Bericht **c** der Erfolg **d** der Lohn
2 **b** Jahrzehnt **c** selbstständig **d** Team
   e international **f** steigen
3 2 flexibl**e** 3 Nett**es** 4 neu**e**
   5 international**er** 6 freundlich**e**
   7 günstig**es** 8 Interessant**er** 9 gut**en**
   10 attraktiv**en** 11 groß**em**
4 **a** lecker**e b** Cool**er**, klein**es c** nett**es**, neu**en**
   d schön**e**, bunt**en e** Hart**es**, letzt**e**

Test 2

1 2 a 3 b 4 a 5 b 6 b
2 2 a 3 d 4 X 5 c 6 b 7 e
3 **Beispiel:** Ich möchte gern selbstständig
   sein und Teilzeit arbeiten. Dann habe ich
   mehr Zeit für meine Hobbys. Ich finde
   flexible Arbeitszeiten wichtig. Dann fühle
   ich mich frei. Das ist schön. Ich möchte
   auch gern viel reisen. Viel Geld verdienen
   ist mir nicht wichtig. Ich arbeite gern
   allein. Kollegen sind mir nicht so wichtig.
   Draußen arbeiten finde ich toll. Und ich
   arbeite gern mit den Händen.
4 Ja, sehr; möchte nicht so gern; wie
   wichtig ist dir das – Das ist mir nicht
   wichtig; sind mir wichtig

Lektion 10

Test 1

1 Gabel, Löffel, Glas, Salz, Zucker, Öl
2 **b** Essig **c** Messer **d** Steak **e** Tasse
   f Rechnung
3 **b** dass es keine Pommes gibt **c** dass ich
   auch einen Nachtisch esse **d** dass das
   Essen nicht so teuer ist **e** dass wir
   uns kennen
4 **b** Hoffentlich ist die Soße gut. **c** Leider
   ist die Soße nicht gut. **d** Die Soße ist gut.

Test 2

1 2 b 3 a 4 c 5 a
2 2 falsch 3 falsch 4 falsch 5 richtig
   6 richtig 7 falsch
3 **Beispiel:** 2 Im „Schnitzelhaus Jäger" gibt
   es sehr gute Schnitzel, und sie sind groß.
   Das Restaurant hat jeden Tag geöffnet.
   Du musst aber reservieren!
   3 In der „Hawaii-Bar" sind die
   Cocktails sehr gut. Da gibt es eine
   Happy Hour. Dann kosten die
   Cocktails nur 4,50 Euro. Die Musik
   ist auch klasse.
   4 Im Restaurant „Feinsinn" ist das
   Essen frisch und lecker. Der Fisch
   ist sehr gut. Ich finde, dass die
   Kellnerinnen schnell und freundlich
   sind. Leider ist es aber teuer.
4 **a** ich komme sofort **b** was kann ich
   Ihnen bringen – Ich nehme ein Schnitzel.
   Aber bitte nicht mit Pommes **c** der Salat
   ist nicht frisch – ich gebe es an die Küche
   weiter **d** Die Rechnung – Zusammen oder
   getrennt

Lektion 11

Test 1

1 **b** Stoff **c** Erwachsene **d** Werkstatt
   e Artikel **f** Briefumschlag **g** Notizblock
2 **b** weggeworfen **c** hergestellt
   d organisiert **e** gewünscht
3 **b** euch an den Artikel in der Zeitung?
   c dich manchmal ganz stark? **d** sich
   oft mit seinen Eltern? **e** sich gern
   mit Ihren Kollegen?
4 **b** Wir unterhalten uns über einen Artikel.
   c Du erinnerst dich an den Geburtstag.
   d Ihr streitet euch ohne Grund.
   e Ich fühle mich schrecklich.
   f Die Kollegin bedankt sich für
   das Geschenk.

Test 2

1. 2 richtig 3 falsch 4 falsch
   5 falsch 6 richtig
2. 2 Karin und Hannes 3 Karin
   4 Simone 5 Karin 6 Hannes 7 Simone
3. **Beispiel: a** Liebe Inge, herzlichen
   Glückwunsch zu Deinem 50. Geburtstag.
   Ich wünsche Dir Glück und Gesundheit!
   Liebe Grüße **b** Liebe Frau Schmitz, ich
   gratuliere Ihnen zu Ihrem Firmenjubilä-
   um und wünsche Ihnen alles Gute für die
   Zukunft. Herzliche Grüße **c** Lieber Herr
   Moos, alles Gute zum Jubiläum!
   Ich möchte mich für die gute Zusammenarbeit bedanken und freue mich schon
   auf die nächsten fünf Jahre mit Ihnen!
   Liebe Grüße
4. **b** Herzlich willkommen! Ich freue mich,
   dass du da bist. **c** Viel Glück und Erfolg!
   d Ich gratuliere euch zur Hochzeit und
   wünsche euch alles Gute!

Lektion 12

Test 1

1. **b** Limonade **c** Alkohol **d** Schweinefleisch
   e Gerichte
2. **b** rund **c** häufig **d** kaum **e** preiswert/
   günstig **f** vegetarisch
3. **b** nehme ich häufig Huhn. **c** wenn meine
   Freunde viel Alkohol trinken. **d** bekomme
   ich trockene Haut. **e** wenn ich Gäste habe.
4. **b** Ich wundere mich häufig, wenn ich
   Kochsendungen ansehe. **c** Mein Sohn
   mag Limonade, wenn sie nicht so süß ist.
   d Wir verbrauchen viel Energie, wenn wir
   uns streiten. **e** Du bist bestimmt überrascht, wenn ich mal Fleisch esse.
   f Meine Tochter bestellt eine große Pizza,
   wenn sie Hunger hat.

Test 2

1. 2 a 3 b 4 c 5 b 6 c
2. **b** die Lebensmittel genau aus. **c** essen sie
   ungesund. **d** sich gesund zu ernähren.
   e ganz zufrieden. **f** als Frauen.
3. **Beispiele:** Ein bisschen wichtiger ist den
   Deutschen, dass das Essen schnell geht.
   9 Prozent ist es wichtig, dass das Essen
   wenige Kalorien hat. 35 Prozent der
   Deutschen möchten, dass ihr Essen
   gesund ist. Rund die Hälfte der
   Deutschen findet es besonders wichtig,
   dass das Essen lecker ist.
4. das ist wirklich komisch; ist das anders;
   dass so wenig Menschen selbst kochen
5. Es **überrascht mich**, dass die Männer
   mehr Limonade trinken als die
   Frauen. – **Das wundert mich auch.**
   In **meiner Heimat** ist das anders. – Und
   es **war mir nicht klar**, dass Frauen mehr
   Obst essen als Männer. – **Wirklich?** Ich
   glaube, das **ist bei** uns in Schweden auch
   so. – **Komisch!** Ich **habe gedacht**, das ist
   bei euch **anders**.

Lektion 13

Test 1

1. **b** merken **c** anschauen **d** korrigieren
   e lösen **f** mitsingen
2. **b** übersetze **c** verreist **d** in einer
   Sprachenschule
3. **b** Als mein Vater nach China gereist ist,
   hat er die Reise gut geplant. **c** Als ich
   mich verliebt habe, habe ich den
   ganzen Tag gesungen. **d** Als ich die
   Wörter übersetzt habe, habe ich sie
   endlich verstanden. **e** Als ich
   Tai-Chi gemacht habe, hatte ich
   keine Rückenschmerzen.
4. **b** Wenn **c** Als **d** Wenn **e** Wenn

Menschen A2. Testtrainer 978-3-19-031902-2 © Hueber Verlag

Test 2

1 2 b 3 c 4 a 5 c
2 1 visueller 2 auditiver 3 haptischer
   4 kommunikativer b richtig c falsch
   d falsch e richtig
3 2 Vielleicht ist es leichter, wenn du
   Bilder zeichnest. 3 Dann bist du ein
   haptischer Lerntyp. Es ist wichtig für
   dich, dass du Sätze aufschreibst und
   dich bewegst.
   4 Mach doch einen Kurs an der Volkshochschule. Da sind viele nette Lehrer.
   5 Am besten lernst du eine Fremdsprache,
   wenn du verliebt bist.
4 b am allerwichtigsten c gar nicht so
   wichtig d nur einen Weg e hilft mir
   nicht f überhaupt nicht

Lektion 14

Test 1

1 a Schalter b Unterschrift c Briefumschlag,
   Absender d Projekt, Gebrauchsanweisung
2 b etwas vergessen c arm sein
   d etwas nicht benutzen
3 b geschrieben c angekreuzt d ergänzt
   e gebraucht
4 b Die Geschenke werden eingepackt.
   c Die Karte wird unterschrieben.
   d Die Gäste werden eingeladen.
   e Die Getränke werden gekauft.
   f Die Suppe wird gekocht.

Test 2

1 richtig: 2, 4
2 2 b 3 a 4 c 5 b 6 a
3 Beispiel: vielen Dank für Eure
   Glückwünsche zu meinem Geburtstag.
   Schön, dass Ihr an mich gedacht habt.
   Ich habe mich sehr über die tollen
   Geschenke gefreut. Das Buch ist super.
   Ich habe es sofort gelesen. Und die
   Kinokarten sind auch eine tolle Idee.

Ich liebe Kino! Und ich freue mich schon
auf den Kinoabend mit Euch. Liebe Grüße
4 a mich sehr gefreut, bin froh b an mich
   gedacht c freue mich sehr, tolle Idee,
   besonders gern d super, liebe

Lektion 15

Test 1

1 b öffentliche c Zuschauer d Spielfilme
   e Krimis f Rundfunk
2 b Gegend c öffentlichen d Anzug
3 b Du erzählst deinem Freund einen Witz.
   c Wir zeigen unserer Tante die Stadt.
   d Ich empfehle der Lehrerin einen Krimi.
   e Ihr schreibt euren Eltern eine Karte.
   f Du leihst deinem Kollegen
   eine DVD.
4 b sie dir c es ihr d sie dir e ihn dir

Test 2

1 2 b 3 a 4 a 5 c
2 2 Karin 3 Hannes 4 Simone 5 Karin
   6 Simone 7 Karin 8 Hannes 9 Simone
3 Beispiel: Die Geschichte war nicht sehr
   spannend. Das Ende war eigentlich
   schon am Anfang klar. Die Schauspieler
   waren unsympathisch. Sie haben
   schlecht gespielt. Und die Dialoge
   waren langsam und langweilig.
   Beispiel: Die Geschichte war sehr
   spannend. Das Ende war eine
   Überraschung. Die Schauspieler
   waren sympathisch. Sie haben
   super gespielt. Und die Dialoge
   waren schnell und spannend.
4 b ein paar Freunde ein. c Toast Hawaii
   und Bier. d allein zu Hause. e gucke ich
   den *Tatort* später in der Mediathek. f aber
   für ihn ist das keine feste Gewohnheit.

Menschen A2, Testtrainer 978-3-19-031902-2 © Hueber Verlag

Lektion 16

Test 1

1. **b** das Einzelzimmer **c** die Empfangshalle
   d der Parkplatz **e** die Vollpension
2. **a** Nichtraucherzimmer **b** Fitnessraum
   c Kiosk **d** angenehmen
3. **b** … wie viel ein Zimmer mit Halbpension
   kostet? **c** … ob man im Restaurant einen
   Tisch reservieren muss. **d** … wo der
   Konferenzraum ist? **e** … ob der Kiosk
   noch geöffnet hat.
4. **b** durch den **c** an der … vorbei **d** durch die

Test 2

1. **2 a 3 b 4 c 5 b 6 a**
2. **2 c 3 b 4 X 5 a 6 d**
3. **Beispiel:** ich möchte ein Doppelzimmer
   für fünf Nächte (vom 18. bis 23.9.)
   buchen. Haben Sie noch ein Zimmer frei?
   Darf ich fragen, wie viel ein Zimmer mit
   Frühstück oder Halbpension kostet?
   Und haben Sie auch einen Parkplatz
   für zwei Fahrräder?
4. **a** Möchten Sie ein Einzel- oder ein
   Doppelzimmer? – Ich brauche ein
   Einzelzimmer für eine Nacht.
   b Ich möchte gern wissen, wann
   das Kunstmuseum geöffnet hat. –
   Das Museum ist Dienstag bis Sonntag
   von **9** bis 18 Uhr geöffnet. – Vielen Dank.
   Können Sie mir sagen, wie ich
   zum Museum komme? – Am besten
   gehen Sie am Bahnhof vorbei und
   dann links.

Lektion 17

Test 1

1. **b** der Zufall **c** die Kassette **d** die Ankunft
2. **a** Grenze **b** Tankstelle **c** Motor **d** Panne
   e Reifen
3. **b** an der **c** am **d** in die **e** im **f** nach
4. **b** in den **c** am **d** am **e** an die
   f in **g** auf einer

Test 2

1. **b 2 c 1 d 2 e 2 f 1**
2. **2** falsch **3** richtig
   4 falsch **5** richtig **6** falsch
3. **Beispiel:** Ich war mit meiner besten
   Freundin / mit meinem besten Freund
   auf der Insel Korfu. Wir sind mit dem
   Auto nach Venedig und dann mit der
   Fähre nach Korfu gefahren. Das Wetter
   war super. Wir waren oft am Strand und
   sind auch gewandert. Wir hatten ein
   tolles Zimmer mit Frühstück. Das Essen
   war gut. Ich habe viel Fisch und Salat
   gegessen.
4. **b** Das macht sicher Spaß. **c** So ein Zufall!
   d So ein Pech! **e** Das war bestimmt
   anstrengend.

Lektion 18

Test 1

1. **b** die Kälte **c** die Trockenheit
   d die Hitze **e** das Eis **f** die Wärme
2. **b** Tropfen **c** Hauptstadt **d** Gegenteil
3. **a** von ein**em** **b** über dein**en**, über **c** für
   mein**e**, mit **d** auf dein**e**, mit dein**em**
4. **b** Wovon **c** Worauf **d** Mit wem **e** Für wen

Test 2

1. **richtig:** 4, 5
2. **2 b 3 c 4 a 5 b 6 a**
3. **Beispiele: a** Wir haben Regen und
   Gewitter. Und es ist sehr windig.
   b Es schneit und ist kalt.
   c Es ist sonnig und warm.
4. **a Es ist trocken** und **kalt.** –
   Ist das Wetter denn **typisch für
   die Jahreszeit?** – **Die Temperaturen**
   sind etwas niedriger **als sonst.**

Menschen A2, Testtrainer 978-3-19-031902-2 © Hueber Verlag

Menschen A2, Testtrainer 978-3-19-031902-2 © Hueber Verlag

b **Wie ist** das Wetter heute? –
Es regnet. – Normalerweise ist
es doch aber im August trocken! –
Ja, **sonst** ist es im August trockener
als zurzeit.

Lektion 19

Test 1

1 b weggehen c eröffnet d recht
e verpassen f verlängert
2 b Vorstellung c kostenlos d Spaziergang
e Publikum f ausgezeichnet
3 b Aus dem Theater. c Vom Arzt.
d Aus der Sauna.
4 2 bei 3 zum 4 ins 5 vom 6 bei 7 im 8 zum

Test 2

1 b einen Kurs in Thailand. c dass seine
Frau in Thailand bleibt. d dass Brigitte
wieder nach Hause kommt. e dass
Manfred zum Abendessen kommt.
f mit Manfred telefonieren.
2 2 e 3 X 4 b 5 c 6 a 7 d
3 **Beispiel:** Der Poetry Slam am Donnerstag
ist wirklich etwas Besonders. Er findet
in einem coolen Club statt. Und die
Leute sind echt lustig. Das macht Spaß!
Bist du denn gar nicht neugierig?
Das lohnt sich bestimmt. Außerdem
gibt es da gute Cocktails. Lass uns
da hingehen! Viele Grüße
4 a Versuch das doch mal – Schon gut
b Das lohnt sich bestimmt – Ist das
nicht viel zu teuer – Unsinn

Lektion 20

Test 1

1 a Geschichten b Märchen c Zeitung
d Hörbücher e Comics

2 b die Zeitschrift c der Autor
d der Ratgeber e das Kinderbuch
3 b mochte c mussten d durfte
4 a musste b Wolltest c sollte d durften
e Musstet f Konntest g mochte

Test 2

1 2 a 3 b 4 c 5 a 6 c
2 2 falsch 3 richtig 4 falsch 5 richtig
6 richtig 7 falsch
3 **Beispiel:** Mein Lieblingsbuch heißt
„Seegrund". Die Autoren sind Volker
Klüpfel und Michael Kobr. Das ist ein
lustiger Krimi. Die Geschichte ist
spannend. Ein Mann ist tot. Er liegt
in einem See. Kommissar Kluftinger
will wissen, was passiert ist, aber
niemand hat etwas gesehen.
4 b Die interessieren mich überhaupt nicht.
c Ja, und wie! d Doch, ich habe großes
Interesse daran. e Na ja, es geht so.
f Nein, nicht besonders.

Lektion 21

Test 1

1 b abgeschlossen c geschnitten d waschen
e anfassen f gestohlen
2 b Mit dem um 14.35 Uhr. c Für die im
zweiten Stock. d In dem am Rudolfplatz.
e Zu denen in Berlin.
3 a Dieses b Welchen, Diesen c welchem,
diesem d Welcher, Dieser e Welche, Diese
4 b Lasst ihr euch Kleidung nähen c Ich
lasse mir die Haare schneiden d Wir
lassen den Teppich reinigen e Lassen
Sie das Schloss sichern

Test 2

1 **richtig:** 4, 5
2 2 a 3 b 4 b 5 a 6 c 7 a 8 c
3 **Beispiel:** Ich habe Glück gehabt. Jemand
hat unser Auto aufgebrochen. Aber der

Täter hat nichts gestohlen. Das war Glück, weil Marias Handtasche im Auto war. Es waren 200 Euro Bargeld drin! Ich lasse das Schloss morgen reparieren. Dann ist alles wieder gut. Und wie geht es dir? Viele Grüße

4 **a Daran kann ich mich nicht erinnern.** – Dort am Haus, aber es war schon sehr dunkel. **b Was haben Sie gestern Abend zwischen 20 und 22 Uhr gemacht?** – Ich war zu Hause und habe ferngesehen. – Gibt es dafür Zeugen?

Lektion 22

Test 1

1 **b** ausfüllen **c** anklicken **d** unterschreiben **e** erreichen
2 **b** Mitglied **c** Buchstaben **d** Fahrkarte **e** Umwelt **f** Passwort
3 **b** bis du mir begegnet bist. **c** habe ich nicht gewusst, was Liebe ist. **d** haben wir jedes Wochenende miteinander verbracht. **e** seit ich dich zum ersten Mal gesehen habe.
4 **b** bis **c** Seit(dem) **d** bis **e** Seit(dem) **f** bis **g** bis

Test 2

1 **1** 0228/737572 **2** Montag bis Freitag, 9 bis 19 Uhr **3** 17. August, 14.30 Uhr **4** 79 Euro
2 **richtig:** 4, 6, 7, 8
3 **Beispiel:** Dann musst du dich auf der Internetseite einloggen. Das heißt, du gibst den Benutzernamen und das Passwort ein. Dann musst du den Warenkorb anklicken. Dann siehst du die Bestellung an. Wenn alles okay ist, schickst du die Bestellung ab. Zuletzt musst du die Bestellung noch ausdrucken. Dann bist du fertig!

4 **a Können Sie mir bitte sagen**, wie der Automat funktioniert? – **Gern.** Zuerst wählen Sie das Ziel Ihrer Reise. – Aha. Und **wie geht das** genau? **b Können Sie mir das erklären? – Kein Problem. Das ist ganz einfach.**

Lektion 23

Test 1

1 **b** Grundschule **c** Gymnasium, Gesamtschule **d** Berufsschule
2 **a** Note **b** schriftliche **c** Thema **d** Bewerbung
3 **b** das **c** die **d** der **e** den
4 **b** Wo ist die Firma, die neue Mitarbeiter sucht? **c** Wo ist der Mitarbeiter, der heute gekündigt hat? **d** Wo ist das Buch, das ich meiner Tochter vorgelesen habe? **e** Wo ist der Vertrag, den ich gerade unterschrieben habe?

Test 2

1 **2** b **3** c **4** a **5** b **6** c
2 **2** richtig **3** falsch **4** falsch **5** richtig **6** richtig **7** falsch
3 **Beispiel:** Der Kurs hat mir großen Spaß gemacht. Ich habe viel gelernt: neue Wörter und viel Grammatik. Und wir haben viel geübt. Jetzt spreche ich gut Deutsch. Die Themen „Urlaub und Fernsehen" haben mir besonders gut gefallen. Die Lehrerin war sehr sympathisch. Der Kurs war klein, das hat mir gut gefallen. Leider war der Kurs zu kurz!
4 **b Nein, überhaupt nicht.** Ich habe keine Lust mehr. **c** Na ja, **es geht.** Der Job ist okay. **d** Ja, **ich bin sehr zufrieden damit.** Mein Job ist sehr interessant. **e** Nein, **ich habe genug.** Ich muss immer aufräumen und kopieren. **Das stört mich.**

Menschen A2, Testtrainer 978-3-19-031902-2 © Hueber Verlag

Lektion 24

Test 1

1. **2** das Visum **3** der Pass **4** die Grenze **5** die Impfung **6** der Zoll **7** die Ankunft **8** der Abflug
2. **b** beantragt **c** Brauchen **d** verabredet **e** gemietet
3. **a** war **b** Gab **c** sah, Fandest **d** kam, wollte **e** sagtest **f** kamen, war

Test 2

1. **2** Gegenwart **3** Vergangenheit **4** Vergangenheit **5** Gegenwart **6** Vergangenheit
2. **2** c **3** e **4** X **5** a **6** b
3. **Beispiel:** Das würde ich jedem empfehlen. Das war eine tolle Zeit. Ich fand es super, dass der Yogalehrer so gut war. Ich wollte richtig gut Englisch lernen und das hat auch geklappt. Und es hat mir gut gefallen, dass der Sprachunterricht so interessant war.
4. **a Es hat mir super gefallen, dass** die Menschen dort so freundlich waren. – Ja! **Das würde ich jedem empfehlen.** **b** Ich habe im Sommer einen Sprachkurs gemacht. **Das hat mir nicht so gut gefallen.** – Die Kurse waren zu voll. Ich lerne nicht gern in großen Gruppen. Diese Sprachenschule **würde ich niemandem empfehlen. – Ich fand es traurig, dass** ich so wenig gelernt habe.

Lektion 1

1

Mann: Und deine Großmutter, Sara? Hat deine Großmutter auch gern Geschichten erzählt?

Frau: Ja. Wir haben als Kinder im Sommer oft bei meiner Großmutter übernachtet. Sie hat in der Schweiz gewohnt. Wir haben sie gern besucht. Und dann hat sie jeden Abend Geschichten und Witze erzählt. Manchmal hat sie auch mit unseren Puppen gespielt und so ihre Geschichten erzählt. Sie war toll und lustig – und auch ein bisschen verrückt.

Mann: War sie Hausfrau oder hatte sie einen Beruf?

Frau: Sie hat gearbeitet. Sie war Französischlehrerin. Sie ist zum Studium nach Frankreich gegangen. Das war früher sehr selten. Meine Oma war also schon cool!

Mann: Wow. Deine Mutter ist auch Lehrerin, oder?

Frau: Ja, sie ist Deutschlehrerin. Mein Onkel und meine Tante sind auch Lehrer. Sie arbeiten an einer Sprachenschule. Aber ich möchte auf keinen Fall Lehrerin werden.

Mann: Nein? Warum nicht?

Frau: Ach, Lehrer wissen immer alles besser.

Mann: Ja, das stimmt natürlich.

Lektion 2

1

Hallo, ich bin's, Thilo. Hast du am Wochenende Zeit? Wir bekommen einen neuen Herd und möchten die Küche renovieren. Kannst du uns helfen? Das wäre toll. Ruf doch mal an. Tschüs!

Menschen A2, Testtrainer 978-3-19-031902-2 © Hueber Verlag

2

Hi. Hier spricht Maria. Ich habe eine Wohnung gefunden. Ich ziehe am 30. Mai um. Kannst du mir helfen? Und kannst du dein Werkzeug mitbringen? Bitte, bitte! Liebe Grüße und bis bald!

3

Hi, ich bin's. Mark. Ich finde meinen Fotoapparat nicht. Ich habe schon eine halbe Stunde gesucht. Wohin habe ich ihn nur gelegt? Hast du eine Idee? Ruf mich bitte an. Tschüs.

4

Hallo, hier ist Meike. Sag mal, hast du meinen Autoschlüssel gesehen? Ich finde ihn einfach nicht und ich habe nicht mehr viel Zeit. Ich habe um 12 Uhr einen Termin in Köln. Bitte, ruf mich an. Bis gleich.

5

Hallo, hier ist Ulrike. Ich habe Vorhänge gekauft und möchte sie vor das Fenster im Wohnzimmer hängen. Aber irgendwie ist das nicht so einfach. Ich kann das nicht allein. Hast du heute oder morgen mal eine halbe Stunde Zeit? Das wäre super.

6

Hallo, hier ist Sara. Alles Liebe zum Geburtstag! Ich habe ein Geschenk für dich versteckt. Hast du es schon gefunden? Es ist im Wohnzimmer. Aber mehr sage ich nicht. Hab einen schönen Tag! Bis morgen!

Lektion 3

1

Frau:	Eine Freundin von mir hat seit drei Jahren eine Yoga-Schule.
Mann:	Aha. Und wo?
Frau:	In der Türkei.
Mann:	Oh. Und das funktioniert?
Frau:	Ja, ich glaube schon. Sie hat immer viele Anmeldungen. Viele Gäste kommen aus Deutschland und Österreich.
Mann:	Echt?
Frau:	Ja, Yoga-Urlaub liegt doch im Trend. Entspannung und Wellness sind ja gerade in.
Mann:	Und wie heißt die Schule?
Frau:	„Yoga-Meer". Die Schule liegt nämlich direkt am Meer. Das ist toll. Man ist den ganzen Tag draußen. Die Kurse sind am Strand. Meine Freundin lädt auch bekannte Yoga-Lehrer aus der ganzen Welt ein. Das ist echt spannend. Und sie bietet auch Massagen an. Also, mir gefällt das richtig gut.
Mann:	Schön! Wann warst du da?
Frau:	Ich war schon oft da. Man kann da nicht nur Yoga machen. Die Landschaft ist wunderschön. Man kann da auch prima in den Bergen wandern.

2

Sonja:	Hallo, Marie. Du siehst toll aus! Ganz erholt! Warst du im Urlaub?
Marie:	Ja, wir waren zwei Wochen in der Schweiz.
Sonja:	Oh, wie schön! Was habt ihr gemacht?
Marie:	Wir waren an einem See in den Bergen.
Sonja:	Hattet ihr ein Hotel?
Marie:	Nein, wir haben auf einem Campingplatz übernachtet. Das war super. Die Luft ist so gut. Und die Landschaft ist wahnsinnig schön.

Menschen A2, Testtrainer 978-3-19-031902-2 © Hueber Verlag

Sonja:	Seid ihr gewandert?
Marie:	Ja, ein bisschen. Peter wandert ja nicht besonders gern. Er fährt lieber ans Meer. Das machen wir nächstes Jahr. Dann fahren wir nach Griechenland.
Sonja:	Wart ihr an einem großen See?
Marie:	Ja. Man kann da auch Kite-Surfen. Peter hat dort einen Kurs gemacht. Er hatte viel Spaß.
Sonja:	Und du?
Marie:	Ich finde das zu gefährlich. Ich habe lieber viel gelesen und in der Sonne gelegen. Das ist für mich die beste Erholung.

Lektion 4

1

Tim:	Ich gehe gleich einkaufen. Was brauchen wir denn fürs Wochenende?
Eva:	Hm. Mal überlegen. Was wollen wir essen?
Tim:	Fürs Frühstück brauchen wir nichts, oder? Milch, Eier und Brot haben wir noch.
Eva:	Vielleicht ein bisschen Saft?
Tim:	Orangensaft?
Eva:	Ja. Eine Packung?
Tim:	Ja. Das ist gut. Ich möchte gern Pizza backen und einen Salat machen.
Eva:	Gut. Und zum Abendessen eine Suppe?
Tim:	Ja, super. Für die Pizza brauche ich nur ein Pfund Mehl, glaube ich. Wir haben doch noch gekochten Schinken, oder?
Eva:	Ja, Schinken haben wir! Und was brauchst du für den Salat?
Tim:	Tomaten, eine Gurke, zwei gelbe Paprika und eine Dose Thunfisch. Und was brauchst du für die Suppe?

Eva:	Ein Kilo Kartoffeln und 500 Gramm Bohnen.
Tim:	Soll ich auch einen Kuchen backen?
Eva:	Au ja!
Tim:	Dann brauche ich noch eine Packung Quark und 250 Gramm Erdbeeren.
Eva:	Okay.

Lektion 5

1

Hallo Tina, hier ist Karl. Na. Wie geht es dir? … Schön. … Ja, mir geht es gut. Ich fahre am nächsten Wochenende nach Berlin. … Ja, das finde ich auch. Ich freue mich schon sehr. … Ich weiß noch nicht genau. Aber ich möchte auf jeden Fall das Brandenburger Tor sehen. Und vielleicht gehe ich in den Zoo. Der soll ja toll sein. … Nein, ich glaube, ich möchte nicht ins Pergamonmuseum. … Doch ich interessiere mich schon für Geschichte. Aber ich gehe lieber ins Deutsche Historische Museum. Das finde ich interessanter. … Ja, das ist ein guter Tipp. … Ach, das Deutsche Technikmuseum … Stimmt. Aber nein, ich glaube, das wird zu viel. Ich möchte ja auch einfach Zeit haben zum Kaffeetrinken und Fotografieren. … Ja, ich nehme meine Kamera mit. Klar. Und was machst du am Wochenende?

Lektion 6

1

Martin:	Hallo, Michael!
Michael:	Hi, Martin. Na, was machst du am Wochenende?
Martin:	Wir gehen mit den Kindern ins Theater.
Michael:	Aha. Ist das nicht langweilig für die Kinder?

Menschen A2, Testtrainer 978-3-19-031902-2 © Hueber Verlag

Martin: Nein. Das ist natürlich ein Theater-
stück für Kinder. Wir haben die
Eintrittskarten geschenkt bekommen.
Ein Freund von mir arbeitet im
Theater hinter der Bühne. Willst
du mitkommen?

Michael: Nein, das ist keine so gute Idee.
Und ich kann auch nicht.

Martin: Was machst du denn am
Wochenende?

Michael: Ich bin am Wochenende auf einem
Festival. Kennst du „Rock am Ring"?

Martin: Ja, klar. Das ist toll! Früher, als
Student, war ich da auch oft. Wir
haben dort mit Freunden gezeltet
und das ganze Wochenende gefeiert.
Was kostet denn der Eintritt heute?

Michael: Die Tickets kosten 185 Euro für
das ganze Festival.

Martin: Wow. Welche Stars sind denn in
diesem Jahr dabei?

Michael: Richtig tolle Bands: Die Toten Hosen
und The Prodigy, zum Beispiel.
Na, möchtest du da vielleicht
mitkommen?

Martin: Hmmm.

Lektion 7

1

Herr Simon:

Guten Abend, meine Damen und
Herren. Ich begrüße Sie zu unserer
Sendung *Klartext*. Unser Thema
heute: Gesund Leben – wie geht das?
Darüber spreche ich mit meinem Gast
im Studio, Frau Dr. Elisabeth Kunze.
Frau Kunze berät seit über 30 Jahren
Menschen, die gesund leben möch-
ten. Guten Abend, Frau Kunze.

Frau Kunze:

Hallo, Herr Simon!

Herr Simon:

Kommen wir gleich zur Sache.
Was halten Sie von Diäten?

Frau Kunze:

Oh, nicht viel. Mein Ratschlag ist
immer: abends früh und wenig
essen – vor allen Dingen keine
Kohlenhydrate nach 19 Uhr.

Herr Simon:

Das ist aber schwierig. Oft geht man
ja abends mit Freunden aus oder ist
eingeladen.

Frau Kunze:

Ja, das stimmt. Und das ist auch okay.
Man sollte nur nicht jeden Abend
viel und spät essen und Alkohol
trinken. Und wer Gewicht verlieren
will, sollte auch Sport machen.

Herr Simon:

Welche Sportart würden Sie denn
empfehlen?

Frau Kunze:

Ach, Sport ist immer gut. Sport sollte
aber auch Spaß machen. Das ist ganz
wichtig. Sie gehen vielleicht gern
joggen, ihre Frau macht aber lieber
Yoga. Sie sind lieber abends an der
frischen Luft aktiv, ihre Frau macht
vielleicht lieber morgens Sport.
Sie sind gern allein, ihre Frau
braucht einen Verein oder eine
Gruppe. Das ist alles okay.

Herr Simon:

Viele Menschen haben ja neben der
Arbeit nur wenig Zeit für Sport …

Frau Kunze:

Ja, das ist natürlich ein Problem.
Aber eine Viertelstunde pro Tag
könnte man vielleicht doch
schaffen, oder?

Herr Simon:

Ja, das stimmt natürlich …

Menschen A2, Testtrainer 978-3-19-031902-2 © Hueber Verlag

Lektion 8

1

Erik: Hallo, Maria. Wie geht es dir?
Maria: Och, es geht.
Erik: Was ist denn los?
Maria: Ich muss morgen ins Krankenhaus.
Erik: Oh, das tut mir leid. Ich hoffe, du hast nichts Schlimmes.
Maria: Na ja, es ist mein Fuß. Ich kann nicht mehr richtig laufen und habe oft Schmerzen. Die Operation ist am Freitag.
Erik: Hast du Angst?
Maria: Ja, schon. Der Arzt sagt, das ist keine große Sache. Aber ich mache mir Sorgen …
Erik: Ja, das verstehe ich gut.
Maria: Weißt du, ich gehe ja wirklich gern wandern und joggen …
Erik: Ich glaube, du kannst dem Arzt vertrauen. Bestimmt ist bald alles wieder in Ordnung.
Maria: Ja, hoffentlich.

Lektion 9

1

Opa: Hallo?
Simon: Hallo, Opa. Hier ist Simon.
Opa: Simon! Wie schön. Wie geht es dir?
Simon: Ganz gut. Ich habe aber ein Problem.
Opa: Oh. Kann ich dir helfen?
Simon: Ja, hoffentlich. Wir sollen in der Schule etwas über unseren Traumberuf schreiben. Aber ich habe keine Idee.
Opa: Hast du denn keinen Traumberuf?
Simon: Nein. Aber ich möchte natürlich viel Geld verdienen.
Opa: Ja, klar! Hmm … Was machst du denn gern?
Simon: Ich spiele gern Computer.

Opa: Aha. Und möchtest du mit anderen im Team arbeiten? Ist dir das wichtig?
Simon: Nein, ich glaube, ich bin lieber allein.
Opa: Okay.
Simon: Ich möchte gern viel reisen. Du bist doch auch viel gereist, oder?
Opa: Ja. Das hat mir immer Spaß gemacht. Ich habe gern im Ausland mit Kollegen aus aller Welt zusammengearbeitet. Das war sehr interessant.
Simon: Ja. Also, die Kollegen sind mir nicht so wichtig. Aber Reisen wäre schon cool.
Opa: Möchtest du selbstständig sein oder lieber angestellt?
Simon: Ich weiß nicht. Angestellt sein ist einfacher, oder? War dir das wichtig?
Opa: Ich war immer selbstständig. Ich bin gern Chef. Das weißt du doch!
Simon: Und, Opa? Was schreibe ich jetzt?
Opa: Also …

Lektion 10

1

Kellner: So. Einmal Wiener Schnitzel mit Pommes und Salat. Und einmal das Hähnchen mit Reis. Dann guten Appetit!
Gast: Danke. Aber wir haben noch kein Besteck.
Kellner: Oh! Das tut mir leid. Ich bringe es sofort.

2

Frau: Gut, dass wir reserviert haben. Es ist richtig voll heute.
Mann: Ja. Was trinkst du?
Frau: Ich glaube, ich nehme einen Tee.
Mann: Eine Kanne oder eine Tasse?
Frau: Trinkst du auch Tee?
Mann: Nein, ich habe Lust auf ein Bier.
Frau: Dann nehme ich eine Tasse.

Menschen A2, Testtrainer 978-3-19-031902-2 © Hueber Verlag

3

Gast:	Entschuldigung. Ich möchte bitte bestellen.
Kellner:	Ja. Einen Augenblick, bitte. Ich komme gleich. ... So. Was kann ich Ihnen bringen?
Gast:	Ich hätte gern eine Pizza Napoli und ein Glas Rotwein.
Kellner:	Sehr gern!

4

Gast:	Die Rechnung, bitte.
Kellnerin:	Ein Steak mit Pommes und ein Wasser, das macht zusammen ... 16 Euro 80.
Gast:	Hier bitte, stimmt so.
Kellnerin:	Vielen Dank.

5

Gast:	Wir würden gern zahlen.
Kellner:	Natürlich. Zusammen oder getrennt?
Gast:	Getrennt, bitte. Ich hatte eine große Cola und einen kleinen Salat.
Kellner:	Das macht zusammen ... ähm ...

Lektion 11

1

Hanna:	Herzlichen Glückwunsch, meine Liebe.
Peter:	Alles Liebe zum Geburtstag.
Lisa:	Danke. Schön, dass ihr mit mir feiert!

2

Frau:	Alles Gute. Ich wünsche euch alles Glück der Welt.
Mann:	Herzlichen Glückwunsch. Ihr seid so ein schönes Paar.
Frau:	Muss Liebe schön sein ...

3

Junge:	Liebe Oma, herzlichen Glückwunsch zum Geburtstag. Wir wünschen dir alles Liebe, Gesundheit und Glück.
Frau:	Ja, Mutti! Und wir wünschen uns, dass wir noch viele Feste zusammen hier im Garten feiern.

4

Liebe Gäste, wir von der Firma Meier und Partner freuen uns, dass Sie hier sind. Wir hoffen, dass es Ihnen bei uns gefällt. Heute präsentieren wir Ihnen unsere neuen Küchenmaschinen ...

5

Alles Gute zum Geburtstag, liebe Doris! Wir wünschen dir alles Liebe und viel Glück auf deiner Reise nach Afrika.

6

Wir bedanken uns ganz herzlich bei allen Kollegen und Kolleginnen für die gute Arbeit. Heute feiern wir, dass unsere Firma seit 50 Jahren erfolgreich arbeitet und – das kann man wohl so sagen – die besten und schönsten Lampen in ganz Deutschland herstellt.

Lektion 12

1

Herr Simon:	
	Guten Abend, meine Damen und Herren. Ich begrüße Sie zu unserer Sendung *Klartext*. Unser Thema ist heute: die Ernährung der Deutschen. Darüber spreche ich wie in der letzten Woche mit meinem Gast im Studio, Frau Dr. Elisabeth Kunze. Guten Abend, Frau Kunze.

Menschen A2, Testtrainer 978-3-19-031902-2 © Hueber Verlag

Frau Kunze:

Guten Abend, Herr Simon!

Herr Simon:

Frau Kunze, Sie haben mit Ihrem Institut vor einem halben Jahr eine Studie über die Ernährung der Deutschen gemacht. Was hat Sie besonders überrascht?

Frau Kunze:

Es hat mich gewundert, dass so wenig Menschen selbst kochen. Die Hälfte der Deutschen sagt, dass sie keine Zeit zum Kochen haben. Nur in jedem zweiten deutschen Haushalt steht täglich ein selbst gekochtes Essen auf dem Tisch.

Herr Simon:

Oh! Heißt das auch, dass die Menschen nicht mehr so gut kochen können?

Frau Kunze:

Na ja, rund 60 Prozent der Männer behaupten, gut oder sehr gut kochen zu können. Aber nur 35 Prozent kochen zu Hause. Sie haben keine Lust, sagen 23 Prozent. 40 Prozent meinen, es fehle ihnen einfach die Zeit, regelmäßig zu kochen.

Herr Simon:

Haben die Menschen denn Zeit zum Essen?

Frau Kunze:

Viele junge Menschen denken, dass sie nicht genug Zeit zum Essen haben. 40 Prozent sehen fern, surfen im Internet oder lesen in Zeitschriften, wenn sie essen.

Herr Simon:

Ist das denn gesund?

Frau Kunze:

Na ja ...

Lektion 13

1

Anna: Wann hast du dich zum ersten Mal verliebt, Opa?

Opa: Oh, das ist schon lange her. Als ich noch in der Schule war, habe ich ein Mädchen kennengelernt und mich sofort verliebt.

Anna: Wann war das denn?

Opa: Warte mal ... Das war vor 54 Jahren.

Anna: Oh ...

2

Anna: Wann bist du nach Südafrika gereist, Opa?

Opa: Ja, wann war das? Als ich noch studiert habe, habe ich ein Praktikum dort gemacht. Ich war acht Wochen dort. Ich war ungefähr 24 Jahre alt.

3

Anna: Wann hast du Japanisch gelernt, Opa?

Opa: Als ich in Japan gearbeitet habe. Du weißt, ich war ja vier Jahre in Tokio. Ich habe dort einen Sprachkurs gemacht. Zuerst habe ich mit meinen japanischen Kollegen nur Englisch gesprochen, aber später habe ich sie auch in ihrer Muttersprache gut verstanden.

4

Anna: Wann hast du Oma kennengelernt?

Opa: Als wir zusammen studiert haben. Wir haben uns aber nicht sofort verliebt. Deine Oma hatte damals einen Freund. Erst drei Jahre später ...

Menschen A2, Testtrainer 978-3-19-031902-2 © Hueber Verlag

5

Anna: Du, Opa?
Opa: Ja?
Anna: Wann gehen wir mal wieder
in den Zoo?
Opa: Also, ich habe den ganzen Tag Zeit.
Aber du gehst ja jeden Tag zur Schule!
Vielleicht mal nachmittags, wenn
schönes Wetter ist?

Lektion 14

1

Hallo, Sonja, hallo, Michael! Hier ist Claudia!
Vielen Dank für eure liebe Geburtstagspost.
Ich habe mich riesig gefreut. Ich habe lange
kein Päckchen mehr bekommen. Das war
eine tolle Überraschung. Die Karte ist so
lustig! Ich habe richtig gelacht. So schön,
dass ihr an mich gedacht habt! Und die
Geschenke sind auch toll.

Ich bin's noch mal. Ich war ja noch gar nicht
fertig. Danke für die CD. Die Musik ist klasse.
Ich liebe „Revolverheld" und Live-CDs mag
ich besonders gern. Ich freue mich auch
schon auf den Besuch im Zoo. Ich war noch
nie im Kölner Zoo! Sollen wir vielleicht
zusammen hingehen? Habt ihr Lust?

Hallo, ich noch mal. Mann! Ich habe noch
so viel zu sagen. Vielleicht habt ihr mal
ein Wochenende frei und kommt nach Köln.
Ich habe auch noch Wein von meiner
Geburtstagsparty. Dann können wir ein
bisschen feiern. Die Party war übrigens toll.
Ich habe 30 Leute eingeladen und …

Lektion 15

1

Frau: Ich liebe Liebesfilme.
Mann: Oh, nein. Schrecklich. Können wir
nicht mal den *Tatort* zusammen
ansehen?
Frau: Aber am Sonntag kommt doch ein
Film von Rosamunde Pilcher.
Den will ich unbedingt sehen!

2

Frau: Krimis finde ich toll. Und,
was schaust du gern an?
Mann: Och. Ich gucke nicht viel Fernsehen.
Ein bisschen Sport und Nachrichten.
Das ist alles.
Frau: Keine Serie?
Mann: Was denn, zum Beispiel?

3

Mann: Also, den *Tatort* zu gucken ist
wichtig. Das ist eine feste
Gewohnheit. Das ist nun mal
mein Sonntagabend. Dafür
nehme ich mir Zeit.
Frau: Aber einmal im Monat
reicht doch, oder?
Mann: Wie bitte?

4

Frau: Essen beim Fernsehen ist gefährlich.
Da wird man schnell dick.
Mann: Ja? Ach, komm. Ein paar Chips sind
doch wohl kein Problem. Total lecker.
Ich liebe Chips zum *Tatort*. Aber Brot
macht dick!
Frau: Klar, und Schokolade ist gesund.

5

Frau: Ich schaue jeden Tag die *Tagesschau*.
Das finde ich super.
Mann: Ach. Und das *Sportstudio* auch?

Menschen A2, Testtrainer 978-3-19-031902-2 © Hueber Verlag

Frau: Nein, das interessiert mich nicht so sehr. Dich?

Mann: Nein, ich schaue am liebsten Quizsendungen. *Wer wird Millionär?* ist meine Lieblingssendung.

Lektion 16

1

Herr Gruber: Hotel „Fischer am See", mein Name ist Gruber. Wie kann ich Ihnen helfen?

Frau Meyer: Guten Abend! Sabine Meyer ist mein Name. Ich möchte gern wissen, ob Sie noch ein Einzelzimmer für heute Nacht frei haben.

Herr Gruber: Einen Moment. Ich schaue einmal nach. … Wir haben noch ein Doppelzimmer frei. Aber wir können es Ihnen als Einzelzimmer anbieten.

Frau Meyer: Oh. Super. Darf ich fragen, wie viel das Zimmer mit Frühstück kostet?

Herr Gruber: Das sind 54 Euro für eine Nacht. Darf ich das Zimmer für Sie buchen?

Frau Meyer: Ja, gern!

2

Frau Neuer: Fitnessstudio am Markt. Sie sprechen mit Friederike Neuer. Was kann ich für Sie tun?

Herr Walter: Ja, hallo. Mein Name ist Simon Walter! Ich möchte gern wissen, wann Sie am Samstag geöffnet haben.

Frau Neuer: Unser Studio ist am Wochenende immer von 7 bis 23 Uhr geöffnet.

Herr Walter: Vielen Dank. Können Sie mir auch noch sagen, wie die Öffnungszeiten in Ihrem Café sind? Ich würde gern nach dem Training frühstücken.

Frau Neuer: Kein Problem. Unser Café ist ab 8.30 Uhr geöffnet. Und Frühstück gibt es am Samstag bis 16 Uhr.

Herr Walter: Sehr gut. Danke.

Frau Neuer: Sehr gern, Herr Walter.

Lektion 17

1

Hallo, hier ist Meike. Ich bin gestern aus dem Urlaub zurückgekommen. Ich hatte leider echt Pech mit dem Auto. Ich hatte auf dem Weg nach Österreich eine Panne, natürlich mitten auf der Autobahn. Der Reifen war kaputt. Zum Glück kann ich ja Reifen wechseln. Also habe ich das gemacht. Zwei Stunden später habe ich in den Bergen eine Tankstelle gesucht. Ich hatte fast kein Benzin mehr. Total blöd. Aber ein junger Motorradfahrer hat mir geholfen. Er hat …

2

Hi, hier ist Tine. Ich bin zurück! Wangerooge ist so schön. Eine richtig tolle Insel. Sehr ruhig und der Strand ist super. Leider bin ich zu spät zur Fähre gekommen. Ich hatte noch etwas im Hotel vergessen und die Fähre ist ohne mich gefahren. Fünf Minuten zu früh! Nicht zu glauben, oder? Aber diesmal habe ich die Autobahn sofort gefunden. Im letzten Jahr habe ich ja total lange gesucht …

Lektion 18

1

Das Wetter. Am Abend kommt es im Norden zu Niederschlägen. Im Süden bleibt die Nacht wolkenlos bei Temperaturen um die 20 Grad.

2

Und nun zum Wetter: Tagsüber ist es freundlich bei Temperaturen von bis zu 24 Grad. Der Wind weht aus westlichen Richtungen. Die Vorhersage für morgen …

3

Zum Wetter. Im Westen ist am Vormittag noch mit Schauern zu rechnen. Am Nachmittag bleibt es dagegen weitgehend trocken. Die Temperaturen sinken auf …

4

Nun zum Wetter: Im Osten des Landes wird die Nacht stürmisch. Am Morgen lässt der Wind nach und die Sonne kommt heraus. Die Temperaturen liegen tagsüber bei 19 Grad.

5

Und nun zum Wetter. Es bleibt heiß. Morgen steigen die Temperaturen bis 35 Grad an. Auch die Nacht bleibt mit 26 Grad sehr warm. Im Laufe der Woche kühlt es sich aber ab.

6

Das Wetter. Von Westen kommen am Nachmittag Schauer auf. Vereinzelt kann es auch zu Gewittern kommen. Die Temperaturen sinken auf 26 Grad. Der Wind weht aus nördlichen Richtungen.

Lektion 19

1

Lisa:	Hallo, Thomas. Wo kommst du denn her? Warst du beim Sport?
Thomas:	Nein, Lisa, ich war bei Manfred. Wir haben … geredet.
Lisa:	Geredet?
Thomas:	Ja, es geht ihm nicht gut. Brigitte, also seine Frau, ist für zwei Wochen nach Thailand gefahren und macht dort einen Yogakurs.
Lisa:	Und jetzt ist Manfred ganz allein.
Thomas:	Ja, er denkt, dass seine Frau nicht mehr vom Kurs zurückkommt.
Lisa:	Unsinn! Warum das denn?
Thomas:	Er denkt, sie hat sich verliebt.
Lisa:	Und ist das wahr?
Thomas:	Ich weiß nicht, ob er recht hat.
Lisa:	Und was macht Manfred heute Abend?
Thomas:	Er ist jetzt erst mal in den Park gegangen und macht einen Spaziergang.
Lisa:	Willst du ihn fragen, ob er zu uns zum Essen kommt?
Thomas:	Das ist eine sehr gute Idee. Ich rufe ihn gleich an. Du bist die Beste!

Lektion 20

1

Moderatorin:

Guten Abend, meine Damen und Herren. Und herzlich willkommen zu einer neuen Ausgabe unserer Sendung *Kultur am Abend*. Mein Gast im Studio ist heute Alexander Groß. Herr Groß ist Schriftsteller und freier Autor. Sein Krimi „Mord im Kofferraum" ist vor drei Monaten in die Buchläden gekommen und steht seit drei Wochen auf der Bestsellerliste. Guten Abend, Herr Groß.

Menschen A2, Testtrainer 978-3-19-031902-2 © Hueber Verlag

Herr Groß:
> Guten Abend!

Moderatorin:
> Sie schreiben ja nicht nur Krimis …

Herr Groß:
> Nein, ich schreibe, was mir gefällt. Ich habe mit Sachbüchern angefangen. Aber ich habe auch schon Kinderbücher geschrieben und Romane – und eben zuletzt den Krimi, den Sie gerade genannt haben.

Moderatorin:
> Was macht Ihnen am meisten Spaß?

Herr Groß:
> Oh, das kann ich nicht sagen. Mir macht immer das Spaß, was ich gerade mache.

Moderatorin:
> Wollten Sie schon als Kind Schriftsteller werden?

Herr Groß:
> Nein, ich mochte als Kind keine Bücher. Ich wollte zuerst Pilot werden oder später Lehrer. Aber dann ist alles anders gekommen.

Lektion 21

1

Hallo, hier ist Christine. Ich finde meine Geldbörse nicht. Habe ich sie vielleicht bei dir vergessen? Oder vielleicht ist sie mir gestohlen worden? Vielleicht auf dem Weg nach Hause in der U-Bahn. Mist, Mist, Mist. Da sind alle meine Karten drin – EC-Karte, Kreditkarte, Führerschein und natürlich Bargeld. Ich war ja gestern erst bei der Bank.

2

Hallo, hier ist Mark. Mein Auto ist aufgebrochen worden und man hat meine Kamera gestohlen. Heute Morgen auf dem Parkplatz von Aldi. Ich war vielleicht 20 Minuten im Geschäft. Unglaublich, oder? Ich habe natürlich die Polizei gerufen. Aber niemand hat den Täter gesehen. Kannst du mir deine Kamera leihen? Morgen ist doch die Hochzeit von Susanne und ich …

3

Hallo, hier ist Nadja. Mein Fahrrad ist weg. Gestern Abend war es noch da. Ich habe es wie immer gut abgeschlossen. Es werden ja oft Fahrräder gestohlen. Wir haben ja am Montag noch darüber gesprochen. Total schlimm! … Sag mal, kannst du mir dein altes Rad leihen? Nur, bis ich mir ein neues kaufen kann. Ich habe im Moment nicht so viel Geld, weißt du …

Lektion 22

1

Guten Tag, hier spricht Silke Klein von der Volkshochschule. Sie haben sich online für den Gymnastikkurs angemeldet. Ich habe noch eine Frage dazu. Würden Sie mich bitte zurückrufen? Meine Nummer ist 0228/737572. Ich wiederhole: 0228/737572. Danke und auf Wiederhören.

2

Hallo, hier ist Tim Metzger vom Drahtesel. Wir haben Ihr Fahrrad repariert. Es ist heute fertig geworden und Sie können es gern abholen – Öffnungszeiten wie immer Montag bis Freitag von 9 bis 19 Uhr. Danke und auf Wiederhören.

3

Guten Tag. Praxis Dr. Meyer, Luise Paulsen am Apparat. Sie haben morgen Nachmittag einen Termin bei uns. Leider müssen wir den Termin verschieben. Können Sie am 17.8. um

14.30 Uhr kommen? Bitte rufen Sie doch einmal zurück. Vielen Dank und auf Wiederhören.

4

Hallo, hier ist Ilse Jung vom Reisebüro Fernweh. Wir haben nun einen günstigen Flug für Sie gefunden. Von Köln nach Mailand für 79 Euro. Das ist wirklich ein tolles Angebot. Wir haben den Flug für Sie reserviert. Bitte geben Sie uns bis Freitagmittag Bescheid, ob wir den Flug buchen sollen. Unsere Telefonnummer ist …

Lektion 23

1

Mutter:	Na, Ralf, bist du zufrieden mit deiner Ausbildung?
Ralf:	Na ja, es geht …
Mutter:	Ja?
Ralf:	Also, eigentlich bin ich überhaupt nicht zufrieden.
Mutter:	Warum? Was stört dich denn?
Ralf:	Ich lerne viel zu wenig. Ich muss den ganzen Tag Haare waschen, putzen und Kaffee kochen. Das ist alles. Dafür mache ich doch keine Ausbildung!
Mutter:	Zeigt dir dein Chef denn nichts?
Ralf:	Ich darf zugucken, wenn er Haare schneidet oder färbt. Aber ich darf nichts selbst machen. So kann ich das doch nicht lernen.
Mutter:	Und was willst du jetzt machen?
Ralf:	Ich muss mit ihm reden. So habe ich keine Lust mehr. Und wenn sich nichts ändert, suche ich einen neuen Ausbildungsplatz.
Mutter:	Das ist eine gute Idee, erst einmal zu reden!
Ralf:	Ja, das habe ich fest vor.

Lektion 24

1

Hallo, Christine. Ich bin's, Marion. Ich muss dir was erzählen. Wir waren ja im Urlaub auf Bali. Da gab es ein total nettes Hotel. Und stell dir vor, wen wir da getroffen haben. Das …

2

Hallo, hier ist Christian. Ich bin gerade im Urlaub auf Kreta und habe ein Problem. Unser Auto ist kaputt. Der Motor macht so komische Geräusche. Kannst du vielleicht …

3

Hallo, hier ist Sven. Mir ist gestern etwas Lustiges passiert. Ich kam von der Arbeit und sah vor meiner Wohnungstür ein großes Paket. Stell dir vor, in dem Paket war …

4

Hallo, hier ist Mama. Doris ist zurück. Sie war gestern hier und hat mir von ihrem Jahr in Australien erzählt. Sie hat so viel erlebt! Es war eine tolle Zeit. Sie kam ganz glücklich zurück. Vielleicht …

5

Hallo, hier ist Jan. Ich plane gerade mein Praktikum in Korea. Ich muss noch so viel machen: das Visum beantragen, meinen Pass verlängern. Vielleicht brauche ich auch noch Impfungen. Kannst du mir vielleicht helfen? Ich …

6

Hallo, hier ist Julia. Ich wollte noch von meinem Wochenende erzählen. Ich fand es traurig, dass so wenige Leute zur Party gekommen sind. Irgendwie …

Menschen A2, Testtrainer 978-3-19-031902-2 © Hueber Verlag